LAROUSSE
Cuisine & Cie

Le Meilleur du Poulet

Édition originale
Cet ouvrage a été publié pour la première fois en 2008
sous le titre *Good Food 101 Best Ever Chicken Recipes* par BBC Books,
une marque de Ebury Publishing,
un département de The Random House Group Ltd.

Toutes les recettes de ce livre ont été publiées
pour la première fois dans BBC Good Food Magazine.

Édition française
Direction éditoriale Véronique de FINANCE-CORDONNIER
Édition Julie TALLET
Traduction Jean FUSI
Direction artistique Emmanuel CHASPOUL
Réalisation Belle Page, Boulogne
Couverture Véronique LAPORTE
Fabrication Annie BOTREL

ISBN : 978-2-03-585114-7
ISSN : 2100-3343

LE MEILLEUR DU POULET

Jeni Wright

LAROUSSE

21 rue du Montparnasse 75283 Paris Cedex 06

Sommaire

Introduction

Rapide et facile à cuisiner, tendre et pauvre en matières grasses, le poulet est l'ingrédient idéal autant pour les repas de tous les jours que pour les grandes occasions. Il fait généralement l'unanimité et s'accommode de toutes les garnitures et de tous types de cuisson.

Cet ouvrage propose 101 savoureuses recettes à base de poulet, parmi lesquelles vous trouverez facilement vos préférées. Bien entendu, toutes ont été testées pour que vous ayez la certitude de les réussir.

Vous n'aurez que l'embarras du choix, que vous ayez envie d'un repas familial à partager avec les enfants, d'un curry à déguster entre amis ou de cuisiner un repas de fête qui impressionnera vos invités lors d'une soirée. Sans oublier les recettes saines et légères pour celles et ceux qui font attention à leur ligne, et les plats qui seront sur la table en moins de 20 minutes quand le temps est compté...

Enfin, vous trouverez des spécialités du monde entier aux arômes exotiques, qui vous feront voyager et découvrir de nouvelles saveurs !

À propos des recettes

- Lavez tous les produits frais avant préparation.

- On trouve dans le commerce des petits œufs (de moins de 45 g), des œufs moyens (de 45 à 55 g), des gros œufs (de 55 à 65 g) et des extra-gros (de plus de 65 g). Sauf indication contraire, les œufs utilisés pour les recettes sont de calibre moyen.

- Sauf indication contraire, les cuillerées sont rases.
  1 cuillerée à café = 0,5 cl
  1 cuillerée à soupe = 1,5 cl

- Toutes les recettes réalisées avec des légumes en conserve peuvent, bien sûr, se cuisiner avec des légumes frais, et inversement. De la même manière, il est possible d'utiliser des cubes pour les bouillons de légumes ou de volaille ou de les préparer vous-même, si vous en avez le temps.

TABLEAU INDICATIF DE CUISSON

THERMOSTAT	TEMPÉRATURE
1	30 °C
2	60 °C
3	90 °C
4	120 °C
5	150 °C
6	180 °C
7	210 °C
8	240 °C
9	270 °C
10	300 °C

Ces indications sont valables pour un four électrique traditionnel.
Pour les autres fours, reportez-vous à la notice du fabricant.

TABLEAUX DES ÉQUIVALENCES FRANCE – CANADA

POIDS

55 g	2 onces
100 g	3,5 onces
150 g	5 onces
200 g	7 onces
250 g	9 onces
300 g	11 onces
500 g	18 onces
750 g	27 onces
1 kg	36 onces

Ces équivalences permettent de calculer le poids
à quelques grammes près (en réalité, 1 once = 28 g).

CAPACITÉS

25 cl	9 onces
50 cl	17 onces
75 cl	26 onces
1 l	35 onces

Pour faciliter la mesure des capacités,
25 cl équivalent ici à 9 onces (en réalité, 23 cl = 8 onces = 1 tasse).

Pour alléger ce plat, supprimez le chorizo, ajoutez aux oignons blondis 2 cuillerées à café de paprika fumé et enlevez la peau des blancs.

Poulet aux haricots rouges et au riz basmati

Pour 4 personnes
Préparation et cuisson : 30 min

- 4 blancs de poulet avec la peau
- 50 g de chorizo sans boyau
- 1 gros oignon
- 200 g de riz basmati
- 50 cl de bouillon de volaille
- 400 g de haricots rouges
- quelques brins de thym frais ou 1/2 cuill. à café de thym séché
- 1 poignée d'olives vertes dénoyautées
- sel et poivre du moulin

1 Dans une sauteuse, faites dorer les blancs de poulet côté peau vers le bas sans matières grasses pendant 8 minutes en les retournant à mi-cuisson. Enlevez l'excès éventuel de graisse, ajoutez le chorizo, coupé en rondelles, et laissez-le suer pendant 1 minute. Enlevez le poulet et le chorizo de la sauteuse, et faites-y blondir l'oignon émincé environ 3 minutes.

2 Versez le riz en pluie sur l'oignon, mélangez, puis remettez le poulet et le chorizo dans la sauteuse. Ajoutez le bouillon préchauffé, rincez puis égouttez les haricots rouges et incorporez-les dans la préparation. Ajoutez le thym et les olives puis assaisonnez à votre goût. Couvrez et laissez cuire à feu moyen pendant 10 minutes, jusqu'à ce que le riz soit tendre et gonflé et le poulet entièrement cuit.

• Par portion : 462 Calories – Protéines : 43 g – Glucides : 57 g – Lipides : 8 g (dont 3 g de graisses saturées) – Fibres : 5 g – Sel : 2,28 g – Pas de sucres ajoutés.

Une recette délicieuse cuite au gril ou au barbecue et servie avec des pommes de terre nouvelles et une salade verte.

Hauts de cuisse citronnés au cinq-épices

Pour 4 personnes
Préparation et cuisson : 25 min
Marinade : 10 min à 24 h

- 2 citrons non traités
- 2 gousses d'ail
- 1 morceau de gingembre de 3 cm
- 3 cuill. à soupe de sucre brun
- 5 cuill. à soupe de sauce soja
- 1/2 cuill. à soupe de cinq-épices (cannelle, graines de fenouil, anis étoilé, poivre, clous de girofle à parts égales)
- 15 cl de vin blanc ou de xérès
- 8 hauts de cuisse de poulet avec la peau et les os

1 Pressez un citron et coupez l'autre en rondelles. Versez le jus dans un grand sachet en plastique, ajoutez les rondelles, l'ail pelé et écrasé, le gingembre râpé avec les autres ingrédients. Enrobez la volaille de marinade en remuant bien le tout. Laissez reposer au réfrigérateur de 10 minutes à 24 heures (au maximum).

2 Faites chauffer le gril ou allumez le barbecue. Sortez les hauts de cuisse de la marinade et égouttez-les. Faites-les cuire au gril ou au barbecue 20 minutes environ en les retournant et les badigeonnant de temps en temps de marinade jusqu'à ce qu'ils soient bien dorés et entièrement cuits.

• Par portion : 493 Calories – Protéines : 50 g – Glucides : 7 g – Lipides : 30 g (dont 9 g de graisses saturées) – Pas de fibres – Sel : 2,25 g – Sucres ajoutés : 7 g.

Voici une recette santé : beaucoup de fibres et de fer, de la vitamine C, et deux des cinq légumes recommandés par jour.

Pommes de terre au four et poulet à la moutarde

Pour 1 personne
Préparation et cuisson : 40 à 45 min

- 1 cuill. à soupe d'huile d'olive
- 2 hauts de cuisse sans la peau
- 200 g de pommes de terre
- 2 carottes
- 1 navet
- 2 cuill. à soupe de moutarde à l'ancienne
- 15 cl de vin blanc ou de bouillon de volaille
- sel et poivre du moulin

1 Faites chauffer l'huile d'olive dans une sauteuse (avec couvercle), placez-y les morceaux de poulet et laissez-les dorer sur une face. Retournez-les et laissez-les dorer pendant 2 minutes. Retirez-les de la sauteuse. Placez-y les pommes de terre, les carottes et le navet coupés en morceaux et faites-les revenir à feu vif jusqu'à ce qu'ils commencent à se colorer.

2 Remettez la viande dans la sauteuse. Salez et poivrez à votre goût, ajoutez la moutarde, le vin ou le bouillon, puis portez à ébullition. Réduisez le feu, couvrez et laissez frémir de 25 à 30 minutes. Ajoutez un peu d'eau si la sauce épaissit trop.

• Par portion : 734 Calories – Protéines : 59 g – Glucides : 72 g – Lipides : 21 g (dont 4 g de graisses saturées) – Fibres : 14 g – Sel : 1,41 g – Sucres ajoutés : 28 g.

Pauvre en graisses, cette recette
est aussi une bonne source de vitamine C.

Aiguillettes de poulet aux tagliatelles et aux herbes

Pour 4 personnes
Préparation et cuisson : 20 à 25 min

- le jus et le zeste de 1 citron non traité
- 1 cuill. à soupe d'estragon frais haché ou 1 cuill. à café d'estragon séché
- 500 g de blancs de poulet sans la peau
- 2 cuill. à café d'huile d'olive
- 8 petites tomates
- 300 g de tagliatelles
- sel et poivre du moulin

1 Faites chauffer le gril à feu vif. Mélangez le jus et le zeste de citron, l'estragon, le sel et le poivre, et badigeonnez les blancs de poulet de cette préparation. Placez-les en une seule couche dans un grand plat allant au four peu profond. Huilez-les délicatement et laissez-les griller pendant 6 minutes. Retournez-les, ajoutez les tomates coupées en deux, côté peau en haut, et huilez le tout. Remettez à griller de 6 à 8 minutes ou jusqu'à ce que le poulet soit bien cuit et légèrement doré.

2 Pendant ce temps, faites cuire les pâtes dans une grande casserole d'eau bouillante légèrement salée. Égouttez-les bien en gardant 15 cl d'eau de cuisson et remettez-les dans la casserole.

3 Sortez les blancs de poulet du plat et découpez-les en aiguillettes. Répartissez-les sur les pâtes avec le jus de cuisson, les tomates et l'eau de cuisson réservée. Mélangez l'ensemble et servez sans attendre.

• Par portion : 423 Calories – Protéines : 40 g – Glucides : 61 g – Lipides : 4 g (dont 1 g de graisses saturées) – Fibres : 3 g – Sel : 0,48 g – Sucres ajoutés : 4 g.

Pour rendre cette recette encore plus originale, prenez du poulet préparé en tandoori et remplacez l'estragon par de la menthe dans le yaourt.

Salade au poulet et aux pommes de terre

Pour 4 personnes
Préparation et cuisson : 25 min

- 500 g de pommes de terre nouvelles
- 900 g de poulet rôti
- 15 cl de yaourt nature allégé
- 1 cuill. à soupe de miel doux liquide
- 1 poignée d'estragon
- 1 sachet de mesclun
- 4 poivrons grillés
- sel et poivre du moulin

1 Faites cuire les pommes de terre de 15 à 20 minutes dans de l'eau bouillante ou à la vapeur, puis plongez-les rapidement dans l'eau froide. Récupérez les blancs du poulet rôti et coupez-les en petits morceaux.

2 Mélangez le yaourt, le miel et l'estragon ciselé, et assaisonnez à votre goût la sauce obtenue. Mélangez dans un saladier les pommes de terre, le poulet, le mesclun et les poivrons coupés en lamelles. Nappez de sauce et servez immédiatement.

• Par portion : 440 Calories – Protéines : 37 g – Glucides : 32 g – Lipides : 19 g (dont 4 g de graisses saturées) – Fibres : 3 g – Sel : 1,48 g – Sucres ajoutés : 3 g.

Ce plat très rapide à préparer, et ne comportant que quatre ingrédients, est excellent avec des haricots verts ou des pommes de terre sautées. Il peut aussi être accompagné d'une sauce tomate.

Poulet au lard et au fromage

Pour 2 personnes
Préparation et cuisson : 20 min

- 2 blancs de poulet sans la peau
- 3 cuill. à soupe de sauce barbecue
- 2 tranches de lard
- 50 g de cheddar ou de gruyère râpé

1 Faites chauffer le gril du four à feu vif et recouvrez d'aluminium l'intérieur d'un plat allant au four. Posez les blancs côté peau vers le bas sur la feuille d'aluminium, badigeonnez-les de sauce barbecue et faites-les cuire pendant 5 minutes. Retournez-les, ajoutez le lard dans le plat et remettez 5 minutes sous le gril.

2 Badigeonnez les morceaux avec le reste de sauce et parsemez-les de fromage râpé. Remettez le plat sous le gril du four pendant 2 ou 3 minutes, jusqu'à ce que la viande soit cuite, le fromage fondu et le lard croustillant.

• Par portion : 321 Calories – Protéines : 42 g – Glucides : 6 g – Lipides : 14 g (dont 8 g de graisses saturées) – Pas de fibres – Sel : 2,38 g – Sucres ajoutés : 6 g.

Ce sandwich délicieux a une teneur particulièrement faible en matières grasses.

Toasts au poulet et au parmesan

Pour 2 personnes
Préparation et cuisson : 20 min

- 1 cuill. à café d'huile de tournesol
- 2 blancs de poulet sans la peau
- 2 sucrines
- 2 cuill. à soupe de crème fraîche allégée ou de yaourt à la grecque
- 1 cuill. à soupe de parmesan râpé
- jus de 1 citron frais
- 1 cuill. à café de câpres
- 2 belles tranches de pain de campagne
- 1 gousse d'ail
- sel et poivre du moulin

1 Faites chauffer une sauteuse. Huilez, salez et poivrez les blancs de poulet. Faites-les cuire 7 minutes de chaque côté dans la sauteuse, puis réservez-les.

2 Pendant ce temps, séparez les feuilles de salade. Mélangez la crème fraîche, le parmesan râpé (en réservant quelques copeaux), le jus de citron et les câpres grossièrement hachées avec 1 cuillerée à soupe d'eau froide. Assaisonnez à votre convenance.

3 Faites griller le pain, frottez-le avec la gousse d'ail coupée en deux puis écrasez celle-ci et ajoutez-la à la sauce. Découpez les blancs de poulet chauds en biseau, puis garnissez les tartines avec les feuilles de sucrine surmontées de poulet. Assaisonnez de sauce et parsemez des copeaux de parmesan réservés.

• Par toast : 319 Calories – Protéines : 40 g – Glucides : 24 g – Lipides : 8 g (dont 3 g de graisses saturées) – Fibres : 2 g – Sel : 1,01 g – Sucres ajoutés : 3 g.

Ce plat en cocotte extrêmement simple à préparer vous réchauffera par temps froid.

Poulet en cocotte à la courge et aux pommes de terre

Pour 2 personnes
Préparation et cuisson : 45 min

- 200 g de courge
- 8 pommes de terre nouvelles
- 1 cuill. à café de coriandre en poudre
- 1 gousse d'ail
- quelques brins de thym frais
- 60 cl de bouillon de volaille
- 2 blancs de poulet sans la peau
- 25 g d'olives vertes en saumure
- 175 g de haricots verts, de courgettes ou de brocolis
- sel et poivre du moulin

1 Préchauffez le four à 190 °C (therm. 6-7). Placez la courge pelée et coupée en dés, les pommes de terre, la coriandre, l'ail pelé et écrasé, le thym et le bouillon dans une cocotte allant au four. Assaisonnez, portez à ébullition puis laissez frémir 10 minutes.

2 Ajoutez les blancs de poulet. Veillez à ce qu'ils baignent entièrement dans le liquide, couvrez et placez au four pendant 15 minutes ou jusqu'à ce que la viande soit cuite. Enlevez la viande et les légumes, réservez-les au chaud et faites réduire le bouillon de moitié. Ajoutez alors les olives et les légumes verts puis laissez cuire à petit bouillon. Rectifiez l'assaisonnement et servez avec le poulet et le reste des légumes.

• Par portion : 413 Calories – Protéines : 41 g – Glucides : 50 g – Lipides : 6,5 g (dont 1,5 g de graisses saturées) – Fibres : 8 g – Sel : 1 g – Sucres ajoutés : 13 g.

Ce plat unique facile à préparer est idéal pour un repas entre amis car il cuit tout seul pendant que vous leur tenez compagnie.

Poulet aux pois chiches et aux carottes

Pour 4 personnes
Préparation et cuisson : 1 h

- 4 cuisses de poulet avec la peau
- 4 carottes
- 3 navets
- 1 oignon
- 2 cuill. à soupe d'huile d'olive
- 1 cuill. à soupe d'épices marocaines
- 400 g de tomates concassées
- 400 g de pois chiches
- 1 poignée de coriandre fraîche
- sel et poivre du moulin

1 Préchauffez le four à 220 °C (therm. 7-8). Disposez les cuisses de poulet, les carottes et les navets coupés en gros copeaux et l'oignon coupé en quartiers dans un plat allant au four. Arrosez-les d'huile, saupoudrez d'épices marocaines et enfournez le tout. Laissez cuire 40 minutes en remuant le plat de temps en temps.

2 Quand le poulet et les légumes sont cuits, placez les cuisses de poulet dans des assiettes et le plat à feu vif. Versez-y les tomates et les pois chiches rincés et égouttés. Portez à ébullition, laissez frémir quelques minutes, ajoutez la coriandre hachée et les autres légumes puis servez avec le poulet.

• Par portion : 590 Calories – Protéines : 40 g – Glucides : 37 g – Lipides : 32 g (dont 8 g de graisses saturées) – Fibres : 10 g – Sel : 2,1 g – Sucres ajoutés : 17 g.

Avec ses morceaux de viande et ses légumes,
cette soupe nourrissante constitue un plat complet en une seule assiette.

Soupe au poulet et aux légumes

Pour 4 personnes
Préparation et cuisson : 40 min

- 85 g de beurre
- 1 petit oignon
- 1 grosse carotte
- 300 g de pommes de terre à chair ferme
- 1 gros poireau
- 50 g de farine
- 1,5 l de bouillon de volaille
- 200 à 250 g de poulet cuit sans la peau
- noix de muscade râpée
- 1 cuill. à soupe de thym frais
- sel et poivre du moulin

1 Faites chauffer un tiers du beurre dans une grande poêle. Faites-y légèrement blondir 3 ou 4 minutes l'oignon coupé en morceaux. Ajoutez la carotte et les pommes de terre coupées en petits morceaux. Laissez dorer pendant 4 minutes, ajoutez le poireau nettoyé et coupé en rondelles fines, faites cuire 3 minutes puis réservez.

2 Mettez le reste de beurre à chauffer dans une casserole antiadhésive. Saupoudrez de farine et laissez cuire 3 ou 4 minutes en remuant constamment. Ajoutez progressivement le bouillon chaud en mélangeant vigoureusement à chaque ajout. Incorporez les légumes, portez à ébullition, puis laissez frémir à feu doux de 8 à 10 minutes en remuant de temps en temps.

3 Ajoutez le poulet coupé en petits morceaux, de la noix de muscade, puis assaisonnez à votre goût. Réchauffez bien et servez très chaud saupoudré d'un tour de poivre du moulin et de feuilles de thym.

• Par portion : 449 Calories – Protéines : 28 g – Glucides : 32 g – Lipides : 24 g (dont 13 g de graisses saturées) – Fibres : 4 g – Sel : 1,10 g – Sucres ajoutés : 8 g.

Étalez bien les légumes dans le plat pour qu'ils grillent. Les tasser ralentirait leur cuisson et les ferait bouillir.

Poulet aux légumes méditerranéens

Pour 4 personnes
Préparation et cuisson : 50 min

- 1 oignon
- 2 poivrons rouges
- 1 courgette
- 1 petite aubergine
- 4 tomates
- 4 cuill. à soupe d'huile d'olive
- 4 blancs de poulet avec la peau
- quelques brins de romarin (facultatif)
- sel et poivre du moulin

1 Préchauffez le four à 200 °C (therm. 6-7). Mettez les légumes nettoyés et coupés en morceaux dans un plat allant au four avec l'huile d'olive. Remuez les légumes avec les mains pour bien les enrober, puis étalez-les en une seule couche.

2 Posez les blancs de poulet sur les légumes, côté peau vers le bas. Ajoutez éventuellement quelques brins de romarin, huilez légèrement les blancs puis salez et poivrez-les à votre convenance. Faites cuire pendant 35 minutes, jusqu'à ce que les légumes soient tendres et le poulet doré. Arrosez de nouveau d'huile avant de servir.

• Par portion : 318 Calories – Protéines : 37 g – Glucides : 13 g – Lipides : 14 g (dont 2 g de graisses saturées) – Fibres : 4 g – Sel : 0,25 g – Pas de sucres ajoutés.

Surprenez vos convives avec ce plat facile à préparer.
Pas besoin d'étaler la pâte, pas de découpe… et pas de perte !

Feuilletés de poulet aux champignons

Pour 4 personnes
Préparation et cuisson : 45 min

- 200 g de champignons de Paris
- 4 cuill. à soupe d'huile d'olive
- un petit bouquet de persil
- 1 gousse d'ail
- 1 pâte feuilletée prête à l'emploi
- 4 blancs de poulet sans la peau
- 1 œuf battu
- sel et poivre du moulin

POUR SERVIR
- légumes ou salade

1 Préchauffez le four à 220 °C (therm. 7-8). Faites revenir dans une poêle bien chaude à feu vif les champignons émincés pendant 3 minutes avec 2 cuillerées à soupe d'huile. Ils doivent être dorés mais encore fermes. Parsemez-les de persil et d'ail hachés, assaisonnez généreusement et laissez refroidir.

2 Déroulez la pâte et coupez-la en quatre. Disposez sur chacun un blanc de poulet en diagonale. Répartissez les champignons sautés sur les blancs de poulet et arrosez-les du reste d'huile. Ramenez les deux coins de pâte au-dessus de la garniture, sans la serrer, de manière qu'ils se recouvrent un peu. Pincez-les pour les coller l'un à l'autre. À l'aide d'un pinceau, badigeonnez la pâte d'œuf battu. Avec une spatule, transférez délicatement ces feuilletés sur la plaque du four. Laissez-les cuire 30 minutes jusqu'à ce qu'ils soient gonflés et dorés.

• Par portion : 624 Calories – Protéines : 42 g – Glucides : 35 g – Lipides : 36 g (dont 12 g de graisses saturées) – Fibres : 1 g – Sel : 1 g – Pas de sucres ajoutés.

Ce plat coloré regorge de vitamine B qui aide l'organisme à assimiler les protéines et à nous garder en bonne santé.

Brocolis et poulet sautés aux noix de cajou

Pour 2 personnes
Préparation et cuisson : 25 min

- 1 cuill. à soupe de sauce soja
- 2 cuill. à café de vinaigre de riz ou de vin blanc
- le jus de 1 orange
- 1 cuill. à café de sucre brun en poudre
- 2 cuill. à café de fécule de maïs
- 2 cuill. à soupe d'huile de friture
- 85 g de noix de cajou non salées
- 1 oignon
- 1 blanc de poulet sans la peau
- 250 g de brocolis
- 150 g de pois mangetout
- 1 poivron rouge

1 Dans un bol, mélangez la sauce soja, le vinaigre, le jus de l'orange, le sucre et la fécule de maïs.

2 Faites chauffer l'huile dans un wok. Ajoutez les noix de cajou et laissez-les dorer pendant 1 minute. Enlevez-les et placez-les sur du papier absorbant pour les égoutter. Ajoutez l'oignon pelé et émincé, faites-le blondir à feu vif de 3 à 5 minutes puis réservez-le avec les noix de cajou.

3 Coupez le blanc de poulet en petits morceaux et faites-les revenir 3 ou 4 minutes dans le wok. Versez-y les brocolis, les pois mangetout et le poivron coupé en lamelles. Laissez revenir pendant 5 minutes, jusqu'à ce que le poulet soit cuit et les légumes tendres mais encore croquants.

4 Versez la sauce sur la préparation. Laissez-la épaissir pendant 2 minutes, incorporez les oignons et les noix de cajou et servez sur des assiettes chaudes.

• Par portion : 583 Calories – Protéines : 37 g – Glucides : 34 g – Lipides : 34 g (dont 4 g de graisses saturées) – Fibres : 9 g – Sel : 1,83 g – Sucres ajoutés : 3 g.

Quelques pommes de terre et de la salade suffisent pour compléter ce mets original.

Poulet laqué au citron

Pour 4 personnes
Préparation et cuisson : 40 min

- 4 blancs de poulet avec la peau
- 2 gousses d'ail
- le zeste et le jus de 1 gros citron non traité
- 1 cuill. à soupe de miel
- 1 cuill. à soupe d'huile d'olive
- 1 cuill. à café d'origan séché

1 Préchauffez le four à 190 °C (therm. 6-7). Placez les blancs de poulet dans un plat allant au four, côté peau vers le haut. Rassemblez l'ail haché et les autres ingrédients dans un saladier. Faites-les chauffer 1 minute au four à micro-ondes ou dans une petite poêle, mélangez bien et versez la sauce obtenue sur le poulet.

2 Enfournez le plat et laissez le poulet rôtir environ 30 minutes en l'arrosant régulièrement jusqu'à ce qu'il soit cuit à cœur. La sauce va épaissir progressivement et former un glaçage brillant en fin de cuisson. Laissez reposer 5 minutes avant de servir.

• Par portion : 250 Calories – Protéines : 31 g – Glucides : 4 g – Lipides : 13 g (dont 3 g de graisses saturées) – Pas de fibres – Sel : 0,23 g – Sucres ajoutés : 3 g.

Épicez votre repas avec ce plat sans cuisson ni graisses.
On peut aussi le réaliser avec des restes de riz blanc déjà cuit.

Salade de riz et de poulet épicé à la menthe

Pour 2 personnes
Préparation et cuisson : 15 min

- 250 g de riz
- 200 g de poulet épicé au piment
- 2 carottes
- 1/3 de concombre
- 20 g de menthe fraîche
- 15 cl de yaourt nature allégé
- 1 cuill. à café de miel doux liquide
- 1 pincée de paprika

1 Faites cuire le riz. Coupez le poulet en petits morceaux. Mélangez-les dans un grand saladier avec les carottes râpées et le concombre émincé.

2 Mélangez la moitié de la menthe ciselée, le yaourt, le miel, et le paprika. Versez cette sauce dans le saladier et mélangez. Servez saupoudré du reste de menthe.

• Par portion : 357 Calories – Protéines : 31 g – Glucides : 57 g – Lipides : 2 g (dont 1 g de graisses saturées) – Fibres : 3 g – Sel : 0,99 g – Sucres ajoutés : 19 g.

Avec sa garniture complète, voilà un dîner familial idéal pour un soir de semaine. Accompagnez-le d'une salade verte croquante.

Crêpes gratinées au poulet et à l'artichaut

Pour 4 personnes
Préparation et cuisson : 45 min

- 25 g de beurre
- 25 g de farine
- 60 cl de lait
- 100 g d'emmental râpé
- 50 g de parmesan râpé
- 6 cuill. à soupe de pesto
- 8 crêpes cuites
- 2 blancs de poulet sans la peau cuits
- 300 g de cœurs d'artichauts à l'huile
- sel et poivre du moulin

1 Préchauffez le four à 200 °C (therm. 6-7). Faites chauffer le beurre, la farine et le lait à feu moyen dans une casserole. Fouettez jusqu'à ce que le mélange épaississe. Réduisez le feu et laissez 5 minutes à petite ébullition. Retirez du feu, incorporez la moitié de l'emmental, le parmesan et assaisonnez.

2 Versez un tiers de la sauce dans un saladier et mélangez-y le pesto. Déposez 1 cuillerée de mélange au centre de chaque crêpe, complétez avec le poulet haché et les artichauts égouttés et coupés en quartiers. Repliez les extrémités des crêpes puis roulez-les.

3 Disposez-les en une couche dans un plat allant au four peu profond beurré (environ 30 x 25 cm). Répartissez dessus le reste de sauce et couvrez d'emmental. Mettez au four sans couvrir pendant 30 minutes jusqu'à ce que la surface soit gratinée.

• Par portion : 730 Calories – Protéines : 48 g – Glucides : 38 g – Lipides : 44 g (dont 24 g de graisses saturées) – Fibres : 2 g – Sel : 2,08 g – Pas de sucres ajoutés.

Si vous avez le temps, faites mariner le poulet avant la cuisson dans le jus d'un demi-citron vert pendant 10 minutes pour qu'il soit plus moelleux.

Poulet au citron vert et aux noix de cajou

Pour 1 personne
Préparation et cuisson : 20 min

- 2 cuill. à soupe de miel doux liquide
- le jus et le zeste de 2 citrons verts
- 1 cuill. à café d'huile végétale
- 1 blanc de poulet sans la peau
- 50 g de noix de cajou non salées
- 3 oignons nouveaux
- 150 g de nouilles chinoises précuites
- 1 petit bouquet de coriandre fraîche

1 Dans un bol, mélangez au fouet le miel, le jus et le zeste des citrons verts. Faites chauffer l'huile à feu vif dans un wok ou une poêle antiadhésive. Faites-y sauter 4 ou 5 minutes le poulet détaillé en lamelles jusqu'à ce qu'il soit doré, ajoutez les noix de cajou et les oignons hachés, puis prolongez la cuisson de 1 minute.

2 Séparez les nouilles. Incorporez-les dans le wok avec le contenu du bol en mélangeant pour bien les réchauffer. Ajoutez enfin la coriandre ciselée et servez sans attendre.

• Par portion : 711 Calories – Protéines : 50 g – Glucides : 62 g – Lipides : 31 g (dont 4 g de graisses saturées) – Fibres : 6 g – Sel : 0,25 g – Sucres ajoutés : 4 g.

Ce plat rapide à cuisiner est idéal pour une chaude soirée estivale. Si vous manquez de temps, achetez du pesto tout prêt.

Poulet aux tomates et au pesto

Pour 4 personnes

Préparation et cuisson : 30 min

- 4 blancs de poulet sans la peau
- 1 cuill. à soupe d'huile d'olive
- 250 g de tomates cerises
- sel et poivre du moulin

POUR LE PESTO

- 50 g de pignons de pin
- 2 gousses d'ail
- 1 gros bouquet de basilic frais
- 50 g de parmesan râpé
- 15 cl d'huile d'olive

1 Préparez le pesto. Placez une petite poêle à feu doux et faites-y dorer les pignons de pin en les remuant de temps en temps. Placez-les dans un robot avec l'ail pelé et les autres ingrédients. Mixez le tout en une purée lisse et assaisonnez-la. Transférez le pesto dans un bocal et recouvrez-le d'une bonne couche d'huile. Il se gardera jusqu'à 2 semaines au réfrigérateur.

2 Placez les blancs de poulet dans un plat peu profond allant au four et arrosez-les d'huile d'olive. Faites-les rôtir pendant 10 minutes, ajoutez les tomates et remettez l'ensemble à cuire pendant 5 minutes. Étalez 1 cuillerée à soupe de pesto sur chaque blanc de poulet et servez.

• Par portion : 283 Calories – Protéines : 35,6 g – Glucides : 2,2 g – Lipides : 14,7 g (dont 2,7 g de graisses saturées) – Fibres : 0,7 g – Sel : 0,29 g – Sucres ajoutés : 2 g.

Des nouilles sautées accompagnent parfaitement ce plat rapide à préparer.

Poulet aux brocolis et aux pois mangetout

Pour 2 personnes
Préparation et cuisson : 25 min

- 1 poignée de noix de cajou
- 2 cuill. à soupe d'huile de tournesol
- 2 blancs de poulet sans la peau
- 3 oignons nouveaux
- 175 g de brocolis
- 175 g de pois mangetout
- 1/2 chou chinois
- 2 cuill. à soupe de sauce hoisin

1 Faites griller les noix de cajou à sec dans un wok bien chaud ou une grande poêle puis réservez-les. Versez 1 cuillerée à soupe d'huile dans le wok. Faites-y sauter le poulet détaillé en fines lamelles jusqu'à ce qu'il soit doré sur toutes ses faces. Réservez. Ajoutez le reste d'huile. Faites revenir les oignons émincés et les brocolis 2 ou 3 minutes, puis ajoutez les pois mangetout et le chou chinois émincé et laissez cuire encore 1 minute.

2 Remettez le poulet dans le wok avec la sauce hoisin et 6 cuillerées à soupe d'eau. Portez à ébullition, couvrez et prolongez la cuisson de 5 minutes. Parsemez de noix de cajou et servez.

• Par portion : 420 Calories – Protéines : 45 g – Glucides : 16 g – Lipides : 20 g (dont 3 g de graisses saturées) – Fibres : 6 g – Sel : 0,78 g – Sucres ajoutés : 12 g.

Servez ce plat avec du riz blanc ou des pommes de terre et un légume vert comme des brocolis ou des poireaux.

Poulet au citron et au miel

Pour 4 personnes
Préparation et cuisson : 25 min

- 4 blancs de poulet avec la peau
- 1 gros citron non traité
- 2 cuill. à café de thym frais
- 1 ½ cuill. à soupe de miel doux liquide
- sel et poivre du moulin

1 Faites chauffer le gril à feu vif et huilez légèrement un plat peu profond allant au four. Placez les blancs dans le plat côté peau vers le bas. Salez et poivrez à votre convenance. Passez-les 5 minutes sous le gril. Pendant ce temps, tranchez quatre rondelles fines dans le citron.

2 Retournez les blancs de poulet et posez une tranche de citron sur chacun d'eux. Parsemez-les de thym, puis nappez-les de miel. Pressez le jus du reste de citron dessus, ajoutez 2 cuillerées à soupe d'eau autour puis remettez au gril pendant 10 minutes, jusqu'à ce que le poulet soit doré.

• Par portion : 193 Calories – Protéines : 33 g – Glucides : 6 g – Lipides : 4 g (dont 1 g de graisses saturées) – Pas de fibres – Sel : 0,83 g – Sucres ajoutés : 4 g.

Cette salade rafraîchissante à déguster en été regorge de vitamine C.

Salade de poulet aux haricots verts et à l'orange

Pour 2 personnes
Préparation et cuisson : 15 min

- 150 g de haricots verts
- 1 bulbe de fenouil
- 2 blancs de poulet cuits sans la peau
- 1 gros avocat
- 2 oranges
- 2 cuill. à soupe d'huile d'olive
- 100 g de cresson
- sel

1 Faites cuire les haricots équeutés pendant 5 minutes dans l'eau bouillante légèrement salée. Égouttez-les et plongez-les immédiatement dans l'eau froide. Émincez finement le fenouil en éliminant le cœur puis coupez les blancs de poulet en morceaux.

2 Coupez l'avocat en deux, ôtez le noyau et découpez la chair en lamelles. Pelez les oranges et extrayez les quartiers sans la peau au-dessus d'un saladier. Arrosez d'huile d'olive puis mélangez. Assaisonnez le cresson nettoyé et les autres ingrédients de la salade avec cette sauce, répartissez-la dans des assiettes et disposez les morceaux de poulet dessus avant de servir.

• Par portion : 572 Calories – Protéines : 45 g – Glucides : 19 g – Lipides : 36 g (dont 5 g de graisses saturées) – Fibres : 10 g – Sel : 0,30 g – Sucres ajoutés : 17 g.

Ce plat pauvre en graisses est pourtant crémeux et nourrissant. Tout le plaisir d'une cuisine riche sans aucune culpabilité.

Soupe au poulet, aux légumes et au jambon

Pour 4 personnes
Préparation et cuisson : 30 min

- 1 cuill. à soupe d'huile de tournesol
- 2 poireaux
- 3 pommes de terre
- 1 cuill. à soupe de farine
- 70 cl de lait écrémé
- 2 blancs de poulet rôtis
- 2 tranches de jambon épaisses
- 175 g de maïs
- 175 g de petits pois surgelés
- sel et poivre du moulin

1 Faites chauffer l'huile dans une grande casserole. Faites-y revenir à feu doux les poireaux coupés en rondelles pendant 3 minutes pour les attendrir. Ajoutez les pommes de terre coupées en dés et la farine, puis incorporez lentement le lait en remuant constamment. Portez à ébullition et laissez cuire de 10 à 12 minutes à petit bouillon sans couvrir, jusqu'à ce que les pommes de terre soient tendres.

2 Ajoutez le poulet et le jambon détaillés en dés, puis le maïs et les petits pois. Laissez chauffer pendant 5 minutes à feu moyen en remuant. Rectifiez l'assaisonnement avant de servir.

• Par portion : 341 Calories – Protéines : 34 g – Glucides : 37 g – Lipides : 7 g (dont 2 g de graisses saturées) – Fibres : 5 g – Sel : 0,66 g – Sucres ajoutés : 12 g.

Ce délice nutritif pauvre en graisses vous apporte quatre des cinq légumes recommandés par jour. Le poulet est une bonne source de protéines et le fenouil est riche en vitamine B.

Ragoût de poulet et fenouil aux tomates

Pour 2 personnes
Préparation et cuisson : 35 min

- 1 gros bulbe de fenouil
- 1 cuill. à soupe d'huile d'olive
- 2 blancs de poulet sans la peau
- 1 gousse d'ail
- 200 g de pommes de terre nouvelles
- 400 g de tomates pelées en conserve
- 15 cl de bouillon de volaille ou de légumes
- 3 poivrons rôtis en conserve ou en saumure
- sel et poivre du moulin

POUR SERVIR
- pain grillé

1 Coupez et réservez les frondes du fenouil. Tranchez le bulbe en quartiers, éliminez le cœur dur puis émincez-les. Faites chauffer l'huile dans une poêle, ajoutez les blancs détaillés en lamelles et faites-les sauter jusqu'à ce qu'elles se colorent un peu. Ajoutez l'ail haché et le fenouil et prolongez la cuisson de 5 minutes.

2 Incorporez les pommes de terre et les tomates coupées en morceaux, versez le bouillon, assaisonnez puis portez à ébullition. Couvrez et laissez mijoter 20 minutes à petite ébullition jusqu'à ce que les pommes de terre soient tendres. Ajoutez les poivrons en morceaux et réchauffez-les. Hachez grossièrement les frondes de fenouil et parsemez-en le ragoût. Servez avec du pain grillé pour saucer.

• Par portion : 351 Calories – Protéines : 42 g – Glucides : 28 g – Lipides : 9 g (dont 1 g de graisses saturées) – Fibres : 6 g – Sel : 1,43 g – Sucres ajoutés : 10 g.

Ce plat parfumé prouve qu'une nourriture peut être à la fois saine, diététique, délicieuse et nourrissante.

Poulet sauté au riz basmati et aux légumes

Pour 2 personnes
Préparation et cuisson : 30 min

- 2 blancs de poulet sans la peau
- 1 cuill. à soupe de sauce soja
- 1 cuill. à soupe d'huile de tournesol
- 1 morceau de gingembre de 3 cm
- 3 oignons nouveaux
- 175 g de riz basmati
- 250 g de légumes mélangés (brocolis, carottes et haricots verts, par exemple)
- 40 cl de bouillon de légumes

1 Arrosez le poulet de sauce soja et réservez-le. Faites chauffer l'huile dans une sauteuse avec couvercle et laissez revenir le gingembre râpé et les oignons émincés pendant quelques minutes. Ajoutez le riz, les légumes nettoyés et détaillés puis arrosez de bouillon. Portez à ébullition, baissez le feu, couvrez et laissez cuire pendant 10 minutes. Posez alors le poulet coupé en morceaux sur le riz et arrosez de marinade à base de soja.

2 Couvrez et prolongez la cuisson de 12 minutes jusqu'à ce que les légumes soient tendres et le poulet cuit à cœur. Servez sans attendre.

• Par portion : 553 Calories – Protéines : 44 g – Glucides : 80 g – Lipides : 8 g (dont 1 g de graisses saturées) – Fibres : 3 g – Sel : 1,33 g – Sucres ajoutés : 8 g.

Tout en conservant une teneur réduite en matières grasses, cette salade bénéficie des saveurs et des textures de quelques ingrédients riches utilisés en faible quantité.

Salade de poulet chaud à l'avocat

Pour 4 personnes
Préparation et cuisson : 25 min

- 175 g de haricots verts
- 1 cuill. à soupe de graines de tournesol
- 2 cuill. à café d'huile d'olive
- 4 blancs de poulet sans la peau
- 1 petit avocat mûr
- 1 laitue
- 1 botte de radis
- sel et poivre du moulin

POUR LA SAUCE

- 25 g de bleu
- 100 g de fromage blanc allégé
- 2 cuill. à soupe de lait demi-écrémé

1 Faites cuire les haricots équeutés pendant 5 minutes dans une casserole d'eau bouillante salée. Égouttez-les et plongez-les dans l'eau froide, puis réservez-les.

2 Faites griller les graines de tournesol à sec à feu vif 1 ou 2 minutes dans une poêle en remuant constamment jusqu'à ce qu'elles dorent puis réservez-les dans un autre récipient. Versez l'huile d'olive dans la poêle. Détaillez chaque blanc de poulet en huit morceaux et faites-les revenir à feu vif dans l'huile.

3 Pendant ce temps, préparez la sauce. Émiettez le bleu dans un bol, ajoutez-y le fromage blanc et le lait, mélangez bien et poivrez.

4 Placez les haricots dans un saladier avec l'avocat et les feuilles de laitue coupés en lamelles, et les radis tranchés en rondelles. Incorporez le poulet chaud et les graines de tournesol à cette préparation. Arrosez de sauce et servez chaud.

• Par portion : 292 Calories – Protéines : 40 g – Glucides : 6 g – Lipides : 12 g (dont 3 g de graisses saturées) – Fibres : 3 g – Sel : 0,5 g – Pas de sucres ajoutés.

La cuisson à la vapeur fait de ce plat appétissant un régal très peu calorique.

Poulet au chou et aux carottes à la vapeur

Pour 4 personnes
Préparation et cuisson : 25 min

- 70 cl de bouillon de volaille
- 4 blancs de poulet sans la peau
- 100 g de lard en tranches
- 1/2 chou de Savoie
- 6 carottes

1 Versez le bouillon chaud dans le fond d'un cuit-vapeur. Ajoutez-y les blancs de poulet et les tranches de lard. Placez le chou coupé en quartiers et les carottes pelées et coupées en morceaux dans le panier, au-dessus du bouillon. Couvrez et faites cuire à la vapeur pendant 15 minutes, jusqu'à ce que le poulet soit cuit, le chou ramolli et les carottes tendres.

2 Sortez les blancs du bouillon et coupez-les en deux dans la diagonale. Répartissez le poulet et les légumes dans quatre assiettes. Versez dessus le bouillon au lard et servez bien chaud.

• Par portion : 332 Calories – Protéines : 47 g – Glucides : 15 g – Lipides : 10 g (dont 3 g de graisses saturées) – Fibres : 6 g – Sel : 2 g – Sucres ajoutés : 14 g.

Ce plat coloré et parfumé est pauvre en matières grasses. Pour une version encore plus diététique, enlevez la peau des blancs avant de servir.

Salade chaude de poulet au cresson et aux betteraves

Pour 4 personnes
Préparation et cuisson : 25 min

- 2 cuill. à soupe d'huile de tournesol
- 4 blancs de poulet avec la peau
- 400 g de betteraves rouges cuites
- 3 cuill. à soupe de miel doux liquide
- 3 cuill. à soupe de vinaigre de vin blanc
- 100 g de cresson
- sel et poivre du moulin

1 Faites chauffer l'huile dans une poêle à feu moyen. Assaisonnez les deux côtés des blancs de poulet et faites-les cuire pendant 7 minutes, côté peau vers le bas, jusqu'à ce que leur peau croustille. Retournez-les, laissez cuire encore 3 minutes, puis retirez-les et gardez-les au chaud dans une assiette.

2 Coupez les betteraves en tranches. Versez le miel et le vinaigre dans la poêle et faites réduire pour obtenir un sirop. Ajoutez-y les tranches de betterave et le jus du poulet ayant coulé dans l'assiette. Réchauffez bien durant quelques minutes en mélangeant.

3 Répartissez le cresson sur quatre assiettes, puis disposez dessus les blancs de poulet et les tranches de betterave. Nappez de sirop au moment de servir.

• Par portion : 282 Calories – Protéines : 34 g – Glucides : 16 g – Lipides : 10 g (dont 2 g de graisses saturées) – Fibres : 2 g – Sel : 0,77 g – Sucres ajoutés : 15 g.

Excellente source de vitamine C,
cette salade croquante fait un déjeuner léger et coloré !

Salade asiatique de chou au poulet

Pour 4 personnes
Préparation et cuisson : 35 min

- 300 g de chou rouge
- 1 grosse carotte
- 1 pomme rouge
- 1 botte d'oignons nouveaux
- 2 cuill. à soupe de mayonnaise
- 1 cuill. à soupe de vinaigre de vin blanc
- 2 cuill. à soupe d'huile d'olive vierge extra
- 1 bouquet de basilic frais
- le zeste et le jus de 1 citron vert
- 1 pincée de coriandre moulue
- 4 blancs de poulet sans la peau
- sel et poivre du moulin

1 À l'aide d'un grand couteau, coupez le chou en lamelles. Placez-les dans un saladier avec la carotte et la pomme râpées, et les oignons émincés. Mélangez au fouet la mayonnaise, le vinaigre et 1 cuillerée à soupe d'huile. Assaisonnez cette sauce, puis mélangez-la à la salade avec la moitié du basilic ciselé.

2 Faites chauffer le gril à feu vif. Hachez le reste du basilic et mélangez-le avec le jus et le zeste de citron vert, la coriandre et le reste d'huile d'olive. Rectifiez l'assaisonnement, puis enduisez les blancs de cette mixture (laissez mariner 10 minutes si vous avez le temps). Faites griller les blancs pendant 6 minutes de chaque côté. Disposez les blancs de poulet coupés en tranches minces sur la salade et servez.

• Par portion : 286 Calories – Protéines : 35 g – Glucides : 7 g – Lipides : 13 g (dont 2 g de graisses saturées) – Fibres : 3 g – Sel : 0,34 g – Sucres ajoutés : 6 g.

Cette recette savoureuse et nourrissante
se sert accompagnée de riz blanc et de naan.

Poulet épicé aux amandes

Pour 4 personnes
Préparation et cuisson : 30 min

- 1 morceau de gingembre de 3 cm
- 1 gousse d'ail
- 1 oignon
- 1 cuill. à soupe d'huile végétale
- 4 blancs de poulet sans la peau
- 1 cuill. à café de *garam masala* (mélange d'épices indien)
- 10 cl de bouillon de volaille
- 2 cuill. à soupe d'amandes en poudre
- 3 cuill. à soupe de fromage blanc allégé
- quelques amandes effilées
- quelques brins de coriandre fraîche

POUR SERVIR
- riz blanc
- *naan* (pain indien)

1 Faites revenir le gingembre émincé, l'ail haché et l'oignon dans l'huile dans une grande poêle jusqu'à ce qu'ils soient tendres. Ajoutez le poulet détaillé en morceaux. Laissez-le dorer pendant 5 minutes, incorporez le garam masala et prolongez la cuisson de 1 minute.

2 Versez le bouillon sur cette préparation et portez à petite ébullition pendant 10 minutes jusqu'à ce que le poulet soit cuit. Enlevez la poêle du feu.

3 Mélangez les amandes en poudre au fromage blanc, puis incorporez-le dans la poêle, toujours hors du feu. Parsemez d'amandes effilées et de coriandre, puis servez avec du riz blanc et du naan.

• Par portion : 243 Calories – Protéines : 37 g – Glucides : 4 g – Lipides : 9 g (dont 1 g de graisses saturées) – Fibres : 1 g – Sel : 0,31 g – Sucres ajoutés : 3 g.

Pour ce pilaf, cuisinez des hauts de cuisse de poulet, plus goûteux que les blancs et tout aussi économiques. Les pois chiches apportent du croquant et un supplément de fibres.

Poulet pilaf au brocoli

Pour 4 personnes

Préparation et cuisson : 40 min

- 1 cuill. à soupe d'huile d'olive
- 4 hauts de cuisse de poulet sans la peau
- 2 gros poireaux
- 2 gousses d'ail
- 400 g de pois chiches
- 200 g de riz brun
- le zeste de 1 citron non traité
- 45 cl de bouillon de volaille
- 1 brocoli
- sel et poivre du moulin

1 Faites chauffer l'huile dans une grande cocotte et mettez-y à dorer les morceaux de poulet dégraissés 1 minute de chaque côté, puis réservez-les. Dans la cocotte, faites revenir les poireaux détaillés en fines rondelles pendant 3 minutes, puis ajoutez l'ail pelé et pressé, les pois chiches, le riz et une grande partie du zeste de citron. Mélangez délicatement le tout.

2 Répartissez les hauts de cuisse dans le mélange, versez le bouillon chaud dessus et assaisonnez légèrement. Couvrez et laissez cuire 20 minutes, jusqu'à ce que le riz ait absorbé la plus grande partie du liquide.

3 Disposez le brocoli sur la préparation, couvrez et prolongez la cuisson jusqu'à ce que le poulet soit cuit à cœur. Parsemez le plat du reste de zeste de citron et servez.

• Par portion : 447 Calories – Protéines : 35 g – Glucides : 59 g – Lipides : 10 g (dont 2 g de graisses saturées) – Fibres : 8 g – Sel : 0,8 g – Sucres ajoutés : 4 g.

Très parfumé et pourtant pauvre en sucres et en graisses, voilà un plat tout aussi gourmand l'été, accompagné de riz ou de salade, que l'hiver de purée de brocolis.

Poulet aux tomates et sauce au pesto

Pour 4 personnes
Préparation et cuisson : 25 min

- 1 cuill. à soupe d'huile d'olive
- 4 blancs de poulet sans la peau
- 200 g de tomates cerises
- 3 cuill. à soupe de pesto
- 3 cuill. à soupe de crème fraîche
- sel et poivre du moulin

POUR SERVIR

- quelques feuilles de basilic fraîches (facultatif)

1 Faites chauffer l'huile dans une poêle antiadhésive. Incorporez les blancs de poulet et laissez-les dorer des deux côtés de 12 à 15 minutes. Salez et poivrez à votre convenance.

2 Ajoutez les tomates coupées en deux. Laissez-les revenir 1 ou 2 minutes. Réduisez le feu, incorporez le pesto et la crème fraîche de manière à obtenir une sauce. Si vous le souhaitez, parsemez cette préparation de feuilles de basilic ciselées.

• Par portion : 262 Calories – Protéines : 37 g – Glucides : 2 g – Lipides : 12 g (dont 5 g de graisses saturées) – Fibres : 1 g – Sel : 0,37 g – Pas de sucres ajoutés.

Une salade fraîche et légère
pour un déjeuner estival.

Salade au poulet et aux pêches

Pour 4 personnes
Préparation et cuisson : 35 min

- 2 cuill. à soupe d'huile d'olive
- 2 cuill. à soupe de vinaigre balsamique
- 4 blancs de poulet sans la peau
- 2 pêches mûres
- 100 g de pousses d'épinards
- quelques feuilles de basilic fraîches
- sel et poivre du moulin

1 Faites chauffer le gril du four à température moyenne et recouvrez la grille inférieure d'une feuille d'aluminium. Versez 1 cuillerée à soupe d'huile et 1 cuillerée à soupe de vinaigre dans un plat peu profond. Salez et poivrez généreusement puis mélangez. Plongez les blancs de poulet dans cette sauce en les enrobant bien. Posez-les sur la feuille d'aluminium et enfournez-les de 10 à 12 minutes. Retournez-les et enfournez-les de nouveau de 10 à 12 minutes.

2 Pendant ce temps, coupez les pêches en deux, dénoyautez-les et détaillez-les en tranches fines. Étalez les pousses d'épinards sur un plat de service. Coupez les blancs de poulet en tranches et répartissez-les sur les épinards avec les pêches et la moitié du basilic. Dans un bol, mélangez le reste de basilic ciselé avec le vinaigre et l'huile restants puis assaisonnez. Arrosez la salade de cette vinaigrette et servez.

• Par portion : 162 Calories – Protéines : 31 g – Glucides : 6 g – Lipides : 2 g (dont 1 g de graisses saturées) – Fibres : 1 g – Sel : 0,28 g – Pas de sucres ajoutés.

Faciles à faire au barbecue comme au four, ces pilons de poulet se dégustent tout au long de l'année.

Pilons de poulet à l'indienne

Pour 4 personnes
Préparation et cuisson : 30 min
Marinade : 30 min au minimum

- 8 pilons de poulet sans la peau
- sel et poivre du moulin

POUR LA MARINADE
- 15 cl de yaourt nature
- 1 cuill. à soupe de cumin en poudre
- 1 cuill. à soupe de coriandre en poudre
- 2 cuill. à café de curcuma
- 1 cuill. à café de piment en poudre

1 Avec un couteau bien aiguisé, faites plusieurs incisions sur chaque face des pilons. Préparez la marinade : mélangez les ingrédients dans un saladier en l'assaisonnant à votre convenance. Plongez-y les pilons en faisant bien pénétrer la marinade dans la chair. Couvrez et laissez mariner au réfrigérateur de 30 minutes à 12 heures.

2 Sortez les pilons de la marinade et égouttez-les. Faites-les griller de 20 à 25 minutes au barbecue en les tournant régulièrement jusqu'à ce qu'ils soient cuits à cœur. Vous pouvez aussi les faire cuire 30 minutes au four préchauffé à 200 °C (therm. 6-7).

• Par portion : 229 Calories – Protéines : 37 g – Glucides : 6 g – Lipides : 7 g (dont 2 g de graisses saturées) – Pas de fibres – Sel : 0,49 g – Sucres ajoutés : 2 g.

Ce plat simple à préparer et pauvre en graisses est très revigorant après une journée de travail.

Poulet au riz pilaf et aux haricots rouges

Pour 4 personnes
Préparation et cuisson : 30 min

- 300 g de mélange de riz (basmati et sauvage)
- 1 cube de bouillon de volaille
- 1 cuill. à soupe de cumin en poudre
- 1 pincée de piment de Cayenne en poudre
- 1 petit bouquet de coriandre fraîche
- 4 blancs de poulet sans la peau
- 1 cuill. à soupe d'huile de tournesol
- 2 poivrons rouges
- 1 botte d'oignons nouveaux
- 400 g de haricots rouges

1 Versez le riz dans une casserole, couvrez-le d'eau, ajoutez le cube de bouillon et portez à ébullition. Remuez une fois délicatement et laissez cuire pendant 20 minutes à petite ébullition.

2 Pendant ce temps, mélangez les épices et la coriandre, détaillez les blancs de poulet en petits morceaux et plongez-les dans cet assaisonnement. Faites chauffer l'huile dans une sauteuse, ajoutez-y les poivrons coupés en lamelles et faites-les revenir pendant 3 minutes. Ajoutez le poulet et laissez-le cuire pendant 5 minutes.

3 Égouttez bien le riz puis mélangez-le avec le poulet, les oignons émincés et les haricots rouges rincés et égouttés. Réchauffez bien l'ensemble en remuant constamment et servez.

• Par portion : 538 Calories – Protéines : 48 g – Glucides : 77 g – Lipides : 7 g (dont 1 g de graisses saturées) – Fibres : 6 g – Sel : 1,91 g – Sucres ajoutés : 8 g.

Le lait de coco dans la marinade, à la place de l'huile, permet au poulet de rester moelleux sans risque de provoquer flambées ou fumées. Servez les brochettes avec du riz parfumé de menthe et de coriandre.

Brochettes de poulet au curry rouge

Pour 2 personnes
Préparation et cuisson : 20 min

- 2 cuill. à soupe de pâte de curry rouge thaï
- 2 cuill. à soupe de lait de coco
- 2 blancs de poulet sans la peau
- 1 poivron rouge
- 1 courgette
- 1 oignon rouge

POUR SERVIR
- quartiers de citron vert

1 Préchauffez un barbecue ou un gril sur feu vif. Mélangez la pâte de curry et le lait de coco dans un saladier. Plongez-y les blancs détaillés en dés de manière à bien les enrober d'assaisonnement.

2 Nettoyez les légumes et coupez-les en morceaux. Assemblez les brochettes en alternant légumes et morceaux de poulet. Faites cuire les brochettes de 5 à 8 minutes au barbecue ou au gril, en les tournant de temps en temps, jusqu'à ce que le poulet soit cuit. Servez accompagné de quartiers de citron vert.

• Par portion : 251 Calories – Protéines : 36 g – Glucides : 10 g – Lipides : 8 g (dont 3 g de graisses saturées) – Fibres : 2 g – Sel : 0,85 g – Sucres ajoutés : 8 g.

Véritable source de fer, cette soupe combine deux types de lentilles. Les corail qui fondent et l'épaississent, et les vertes qui lui donnent sa texture.

Soupe épicée aux lentilles et au poulet

Pour 4 personnes
Préparation et cuisson : 40 à 45 min

- 1 cuill. à café de graines de cumin
- 1 cuill. à café de graines de coriandre
- 1 petit oignon
- 1 cuill. à soupe d'huile de tournesol
- 2 gousses d'ail
- 14 feuilles de curry (dans les épiceries asiatiques)
- 1/2 cuill. à café de curcuma en poudre
- 1,5 l de bouillon de volaille
- 100 g de lentilles vertes
- 100 g de lentilles corail
- 225 g de tomates concassées en conserve
- 100 g de blancs de poulet sans la peau
- 1 yaourt nature
- 1 bouquet de coriandre fraîche

1 Faites revenir à sec les graines de cumin et de coriandre pendant 1 minute, jusqu'à ce que leur parfum se développe, puis écrasez-les au pilon dans un mortier.

2 Faites blondir l'oignon émincé 3 ou 4 minutes avec l'huile dans une grande sauteuse. Ajoutez l'ail haché et les feuilles de curry, laissez les parfums se développer pendant 1 minute puis incorporez le curcuma avec le cumin et la coriandre écrasés. Versez le bouillon et portez à ébullition. Incorporez-y les lentilles vertes, laissez frémir 10 minutes, ajoutez les lentilles corail et prolongez la cuisson de 15 minutes.

3 Ajoutez les tomates et le poulet coupé en dés puis réchauffez le tout. Incorporez 1 cuillerée à soupe de yaourt et la moitié de la coriandre fraîche hachée. Mélangez le yaourt et la coriandre restants, et servez cette sauce séparément pour agrémenter le plat.

• Par portion : 346 Calories – Protéines : 33 g – Glucides : 36 g – Lipides : 8 g (dont 2 g de graisses saturées) – Fibres : 5 g – Sel : 0,91 g – Sucres ajoutés : 8 g.

Le boulgour, du blé débarrassé de son enveloppe, cuit, séché et concassé en petits morceaux, est l'accompagnement traditionnel de ce poulet épicé.

Poulet au boulgour et à la harissa

Pour 4 personnes
Préparation et cuisson : 35 min

- 4 blancs de poulet sans la peau
- 1 cuill. à soupe de harissa
- 1 cuill. à soupe d'huile végétale
- 1 oignon
- 2 cuill. à soupe de pignons de pin
- 1 poignée d'abricots secs
- 300 g de boulgour
- 60 cl de bouillon de volaille
- 1 bouquet de coriandre fraîche
- sel et poivre du moulin

1 Frottez les blancs de poulet de harissa. Mettez l'huile à chauffer dans une sauteuse antiadhésive, faites-y revenir les blancs de poulet 3 minutes de chaque côté jusqu'à ce qu'ils soient légèrement dorés. Retirez-les et réservez.

2 Faites blondir l'oignon coupé en lamelles 5 minutes à feu moyen dans la sauteuse. Incorporez les pignons de pin et laissez-les dorer quelques minutes. Ajoutez les abricots, le boulgour et le bouillon chaud, assaisonnez et couvrez. Laissez cuire pendant 10 minutes jusqu'à ce que le liquide réduise.

3 Remettez le poulet dans la sauteuse, couvrez et laissez cuire encore 5 minutes à feu doux jusqu'à ce que tout le liquide ait été absorbé. Égrainez le boulgour à la fourchette et parsemez de feuilles de coriandre avant de servir.

• Par portion : 536 Calories – Protéines : 49 g – Glucides : 65 g – Lipides : 11 g (dont 2 g de graisses saturées) – Fibres : 2 g – Sel : 1,06 g – Sucres ajoutés : 8 g.

Ces feuilletés légers et épicés sont aussi délicieux chauds que froids.

Feuilletés pimentés au poulet et au lard

Pour 4 personnes
Préparation et cuisson : 35 min

- 2 tranches de lard
- 1 grosse pomme de terre
- 1 petit piment rouge
- 1 blanc de poulet cuit sans la peau
- 3 oignons nouveaux
- 1 pâte feuilletée prête à l'emploi
- 2 cuill. à soupe de lait
- sel et poivre du moulin

1 Faites frire les tranches de lard quelques minutes dans une poêle antiadhésive jusqu'à ce qu'elles suent. Ajoutez la pomme de terre coupée en dés et faites-la revenir pendant 5 minutes en remuant de temps en temps. Incorporez le piment haché et laissez revenir le tout 1 minute. Assaisonnez à votre convenance, transférez dans un saladier avec le poulet finement haché et les oignons émincés puis mélangez l'ensemble.

2 Préchauffez le four à 220 °C (therm. 7-8). Déroulez la pâte et découpez-y quatre ronds (servez-vous d'une assiette à dessert comme gabarit). Placez-les sur une plaque de four huilée.

3 Répartissez la préparation au centre des ronds. Mouillez légèrement les bords avec un peu de lait puis pincez-les l'un contre l'autre pour former des chaussons. Badigeonnez la surface des feuilletés de lait, puis faites-les cuire pendant 15 minutes.

• Par portion : 439 Calories – Protéines : 17 g – Glucides : 42 g – Lipides : 24 g (dont 9 g de graisses saturées) – Fibres : 1 g – Sel : 1,06 g – Sucres ajoutés : 2 g.

Les restes de ce plat complet à base de riz se garderont jusqu'à deux jours. Mélangez-les avec de la mayonnaise et du jus de citron frais et servez-les avec de la laitue et des rondelles de concombre.

Poulet biryani

Pour 4 personnes

Préparation et cuisson : 35 min

- 300 g de riz basmati
- 25 g de beurre
- 1 gros oignon
- 1 feuille de laurier
- 3 gousses de cardamome
- 1 bâton de cannelle
- 1 cuill. à café de curcuma
- 4 cuill. à soupe de pâte de curry
- 4 blancs de poulet sans la peau
- 85 g de raisins secs
- 85 cl de bouillon de volaille

POUR SERVIR

- quelques feuilles de coriandre
- quelques amandes effilées

1 Rincez le riz à l'eau froide. Faites chauffer le beurre dans une sauteuse et mettez l'oignon émincé à blondir pendant 10 minutes avec la feuille de laurier, la cardamome et la cannelle. Ajoutez le curcuma, la pâte de curry, le poulet coupé en gros morceaux et laissez cuire jusqu'à ce que les parfums se développent.

2 Incorporez le riz et les raisins, puis arrosez de bouillon chaud. Couvrez, portez à ébullition, puis réduisez et laissez cuire à feu doux pendant 5 minutes. Éteignez le feu et laissez gonfler pendant 10 minutes.

3 Mélangez une partie de la coriandre ciselée au plat, puis parsemez-le du reste de coriandre et des amandes.

• Par portion : 617 Calories – Protéines : 49 g – Glucides : 83 g – Lipides : 12 g (dont 4 g de graisses saturées) – Fibres : 2 g – Sel : 2,01 g – Sucres ajoutés : 19 g.

Ce plat simple est aussi bon qu'il est appétissant. Si vous n'aimez pas les mets très relevés, utilisez une pâte de curry douce.

Poulet aux abricots façon tajine

Pour 4 personnes
Préparation et cuisson : 25 min

- 250 g de semoule à couscous
- 30 cl de bouillon de volaille
- 3 cuill. à soupe d'huile d'olive
- 1 oignon
- 2 blancs de poulet sans la peau
- 85 g d'amandes blanchies
- 1 cuill. à soupe de pâte de curry fort (ou doux)
- 100 g d'abricots secs
- 1 bouquet de coriandre fraîche

POUR SERVIR
- yaourt nature (facultatif)

1 Placez la semoule dans un grand saladier et versez-y le bouillon très chaud. Couvrez et laissez gonfler.

2 Faites chauffer l'huile dans une sauteuse et faites-y blondir l'oignon haché 2 ou 3 minutes. Ajoutez le poulet détaillé en lamelles et faites-le revenir 5 ou 6 minutes jusqu'à ce qu'il soit tendre et presque cuit. Incorporez les amandes. Lorsqu'elles sont dorées, ajoutez la pâte de curry et laissez cuire pendant 1 minute.

3 Égrainez la semoule à la fourchette, puis mélangez-la avec le poulet, les abricots coupés en deux et la coriandre hachée. Laissez chauffer et servez éventuellement accompagné de yaourt.

• Par portion : 486 Calories – Protéines : 28 g – Glucides : 45 g – Lipides : 23 g (dont 2 g de graisses saturées) – Fibres : 4 g – Sel : 0,56 g – Pas de sucres ajoutés.

Le lait de coco apporte une vraie note d'originalité aux recettes les plus classiques. Ayez-en toujours en réserve.

Poulet au curry

Pour 4 personnes
Préparation et cuisson : 40 min

- 2 cuill. à soupe d'huile végétale
- 1 gros oignon
- 4 cuill. à café de *garam masala* (mélange d'épices indien)
- 1 bâton de cannelle
- 2 ou 3 cuill. à café de piment en poudre
- 8 hauts de cuisse sans la peau et désossés
- 50 cl de lait de coco
- 1 bouquet de coriandre fraîche
- sel et poivre du moulin

POUR SERVIR
- 4 *naan* (pains indiens)

1 Dans une sauteuse, faites chauffer l'huile et mettez l'oignon émincé à revenir pendant 10 minutes à feu doux. Ajoutez les épices puis les morceaux de poulet, et faites-les cuire 2 minutes en remuant pour bien les enrober.

2 Versez le lait de coco dans la sauteuse, salez et poivrez. Portez à ébullition puis laissez frémir pendant 20 minutes, jusqu'à ce que le poulet soit cuit à cœur et que la sauce ait épaissi. Parsemez de coriandre ciselée et servez accompagné de naan.

• Par portion : 380 Calories – Protéines : 40 g – Glucides : 9 g – Lipides : 21 g (dont 10 g de graisses saturées) – Fibres : 1 g – Sel : 0,5 g – Sucres ajoutés : 5 g.

Le quinoa est vendu en grande surface et dans les magasins d'alimentation biologique. Vous pouvez le remplacer par 300 grammes de riz à long grain cuit à l'eau bouillante ou à la vapeur.

Poulet à la marocaine au quinoa

Pour 4 personnes
Préparation et cuisson : 30 min

- 4 blancs de poulet sans la peau
- le zeste et le jus de 1 citron non traité
- 2 cuill. à soupe d'huile d'olive
- 4 cuill. à café de mélange d'épices marocaines
- 300 g de quinoa
- 1 botte d'oignons nouveaux
- quelques olives vertes
- quelques branches de persil plat

1 Préchauffez le four à 180 °C (therm. 6). Faites trois entailles profondes sur chaque blanc de poulet et placez-les dans un plat allant au four. Mélangez le zeste et le jus du citron avec l'huile et les épices. Arrosez le poulet de cette sauce, couvrez et laissez cuire 20 minutes.

2 Pendant ce temps, faites cuire le quinoa, puis versez-le dans un grand saladier. Incorporez-y les oignons émincés, les olives dénoyautées et coupées en petits morceaux puis le persil haché. Mélangez, puis répartissez la préparation dans quatre assiettes de service. Sortez les blancs de poulet du four, coupez-les en trois, disposez-les sur le quinoa et arrosez-les avec le jus de cuisson.

• Par portion : 461 Calories – Protéines : 45 g – Glucides : 45 g – Lipides : 12 g (dont 1 g de graisses saturées) – Fibres : 1 g – Sel : 2,11 g – Sucres ajoutés : 6 g.

Ce plat peut se préparer à l'avance et se garder deux jours au réfrigérateur. Réchauffez-le dans une casserole avec un couvercle pendant 20 minutes en ajoutant un peu d'eau si la sauce est trop épaisse.

Poulet épicé aux poivrons

Pour 6 personnes
Préparation et cuisson : 45 min

- 4 cuill. à soupe d'huile végétale
- 2 cuill. à café de graines de cumin
- 2 oignons
- 3 gousses d'ail
- 1 morceau de gingembre de 3 cm
- 3 gros piments verts
- 1/2 cuill. à café de curcuma
- 1/2 cuill. à café de *garam masala* (mélange d'épices indien)
- 2 cuill. à café de paprika
- 12 hauts de cuisse de poulet
- 2 poivrons (1 rouge et 1 jaune)
- 2 yaourts nature
- 2 cuill. à soupe de purée de tomates
- 3 cuill. à soupe de coriandre hachée
- sel

1 Faites chauffer l'huile dans un wok à feu doux et mettez le cumin à griller pendant quelques secondes jusqu'à ce que son parfum se développe. Ajoutez les oignons émincés, couvrez et laissez-les ramollir sans qu'ils se colorent.

2 Incorporez l'ail et le gingembre hachés, les piments ouverts en deux sur la longueur (épépinés pour une version moins piquante) et laissez revenir pendant 1 minute. Ajoutez les épices, le poulet et les poivrons nettoyés et coupés en morceaux. Laissez revenir 10 minutes jusqu'à ce que les oignons brunissent, en ajoutant un peu d'eau s'ils commencent à attacher.

3 Mélangez le yaourt et la purée de tomates, versez le tout dans le wok avec 12 cl d'eau froide. Laissez frémir à feu doux sans couvercle de 30 à 35 minutes, en rajoutant un peu d'eau si besoin (elle doit épaissir et prendre une couleur rougeâtre). Salez si nécessaire. Parsemez de coriandre avant de servir.

• Par portion : 810 Calories – Protéines : 60 g – Glucides : 11 g – Lipides : 59 g (dont 16 g de graisses saturées) – Fibres : 2 g – Sel : 0,76 g – Pas de sucres ajoutés.

Un plat original et facile à réparer. Les entailles dans les blancs de poulet permettent une cuisson plus rapide.

Poulet grillé aux chips de maïs

Pour 4 personnes
Préparation et cuisson : 25 min

- 40 g de chips au maïs
- 4 blancs de poulet sans la peau
- 20 cl de sauce tomate épicée
- 15 cl de crème fraîche
- 1 poignée de cheddar ou de gruyère râpé
- sel et poivre du moulin

1 Préchauffez le four à 200 °C (therm. 6-7). Émiettez grossièrement les chips au maïs. Faites trois entailles profondes sur chaque blanc de poulet et placez-les dans un plat allant au four (antiadhésif si possible). Assaisonnez chaque blanc et recouvrez-le de 1 cuillerée à soupe de sauce tomate puis de 1 cuillerée de crème fraîche.

2 Saupoudrez les chips de maïs émiettées sur les blancs de poulet et recouvrez le tout de cheddar râpé. Enfournez de 15 à 20 minutes jusqu'à ce que la préparation soit dorée, et le poulet cuit à cœur. Servez sans attendre.

• Par portion : 326 Calories – Protéines : 39 g – Glucides : 12 g – Lipides : 14 g (dont 7 g de graisses saturées) – Fibres : 1 g – Sel : 1,91 g – Sucres ajoutés : 4 g.

Ce plat complet, simple et sain, fera un excellent dîner de semaine pour toute la famille.

Poulet pilaf aux raisins secs

Pour 4 personnes
Préparation et cuisson : 35 min

- 85 g de pignons de pin
- 2 cuill. à soupe d'huile d'olive
- 1 oignon rouge
- 1 cuill. à café de curcuma
- 1 pincée de piment en poudre
- 8 hauts de cuisse désossés
- 350 g de riz long grain
- 85 g de raisins secs
- 85 cl de bouillon de volaille
- sel et poivre du moulin

POUR SERVIR
- quelques feuilles de coriandre fraîche

1 Préchauffez le four à 200 °C (therm. 6-7). Faites blondir les pignons de pin à sec dans une cocotte allant au four puis enlevez et réservez-les.

2 Faites chauffer l'huile dans la cocotte, puis mettez l'oignon coupé en lamelles avec le curcuma et le piment à revenir pendant 3 minutes. Ajoutez les morceaux de poulet et faites-les dorer 3 ou 4 minutes. Incorporez le riz, les raisins secs et 75 cl de bouillon. Portez à ébullition, couvrez et enfournez pour 20 minutes. À mi-cuisson, mélangez puis ajoutez du bouillon si nécessaire. Assaisonnez à votre convenance, incorporez les pignons de pin et parsemez de feuilles de coriandre.

• Par portion : 784 Calories – Protéines : 48 g – Glucides : 95 g – Lipides : 26 g (dont 4 g de graisses saturées) – Fibres : 1 g – Sel : 1,14 g – Sucres ajoutés : 17 g.

Le parfum du gingembre enrichit particulièrement ce curry classique. Servez-le avec un riz pilaf, du chutney à la mangue et des naan.

Poulet au gingembre et aux oignons

Pour 6 personnes
Préparation et cuisson : 50 min
Marinade : 12 h

- 1 kg de hauts de cuisse sans la peau et désossés
- 2 oignons
- 1 cuill. à soupe d'huile de tournesol
- 1 cuill. à café de curcuma
- 40 cl de lait de coco allégé
- 1 piment rouge
- 1 cube de bouillon de volaille

POUR LA MARINADE

- 1 morceau de gingembre de 3 cm
- 4 gousses d'ail
- 1 cuill. à café de piment en poudre
- le jus de 1 citron vert
- 1 cuill. à soupe d'huile de tournesol
- 1 bouquet de coriandre fraîche

1 Préparez la marinade. Dans un saladier, mélangez le gingembre haché, l'ail pressé, le piment en poudre, le jus de citron vert, l'huile et la moitié de la coriandre hachée. Coupez les hauts de cuisse en morceaux, enrobez-les bien de marinade, couvrez l'ensemble et placez une nuit entière au réfrigérateur.

2 Hachez les oignons à l'aide d'un robot. Faites chauffer l'huile dans un wok et faites-y revenir les oignons pendant 8 minutes. Ajoutez le curcuma et laissez revenir pendant 1 minute. Incorporez le poulet avec sa marinade et laissez cuire jusqu'à ce qu'il se colore. Ajoutez le lait de coco, le piment épépiné détaillé en fines lamelles, le cube de bouillon émietté puis portez à ébullition. Couvrez et laissez frémir pendant 20 minutes. Parsemez le plat du reste de coriandre ciselée puis servez.

• Par portion : 310 Calories – Protéines : 37 g – Glucides : 6 g – Lipides : 16 g (dont 8 g de graisses saturées) – Fibres : 1 g – Sel : 1,29 g – Sucres ajoutés : 3 g.

Pour accentuer les saveurs asiatiques de ce plat, ajoutez de la menthe ciselée et de fines rondelles de concombre.

Nouilles et légumes asiatiques au poulet

Pour 4 personnes
Préparation et cuisson : 15 min

- 50 cl de bouillon de volaille
- 40 cl de lait de coco (entier ou allégé)
- 1 cuill. à soupe de pâte de curry thaï vert ou rouge
- 1 cuill. à café de curcuma
- 3 blancs de poulet sans la peau
- 250 g de nouilles de riz
- 300 g de mélange de légumes chinois

1 Mélangez le bouillon, le lait de coco, la pâte de curry, le curcuma et le poulet détaillé en lamelles dans un saladier allant au four à micro-ondes. Couvrez d'un film alimentaire percé de trous et faites chauffer pendant 5 minutes à puissance maximale. Enlevez le film alimentaire, mélangez bien et remettez 5 minutes au four à micro-ondes jusqu'à ce que le poulet soit cuit.

2 Pendant ce temps, versez de l'eau bouillante sur les nouilles de riz et les légumes, couvrez-les et laissez-les cuire pendant 4 minutes.

3 Égouttez les nouilles et les légumes, mélangez-les au poulet puis répartissez dans des bols et servez.

• Par portion : 516 Calories – Protéines : 32 g – Glucides : 58 g – Lipides : 19 g (dont 14 g de graisses saturées) – Fibres : 1 g – Sel : 1,03 g – Pas de sucres ajoutés.

Voici un dîner très sain, mais si vous voulez le rendre plus substantiel, recouvrez-le de purée et passez-le au gril jusqu'à ce qu'il soit chaud.

Gratin de poulet aux légumes

Pour 4 personnes
Préparation et cuisson : 20 min

- 4 blancs de poulet sans la peau
- 1 noix de beurre
- 100 g d'asperges
- 100 g de légumes verts (épinards et pois mangetout)
- 100 g de jambon blanc
- 10 cl de crème fraîche allégée
- 50 g de chapelure ou de pain sec émietté
- sel et poivre du moulin

1 Faites chauffer le gril du four à température moyenne. Répartissez le poulet détaillé en morceaux dans un plat peu profond allant au four. Ajoutez une noix de beurre et faites revenir les morceaux de 7 à 10 minutes en les retournant de temps en temps jusqu'à ce qu'ils soient cuits. Pendant ce temps, placez les asperges et les légumes verts dans un saladier et recouvrez-les d'eau bouillante. Laissez-les blanchir 2 ou 3 minutes puis égouttez-les.

2 Répartissez les légumes et le jambon émincé sur le poulet, recouvrez de crème fraîche et assaisonnez à votre convenance. Saupoudrez la surface de chapelure, ajoutez quelques noisettes de beurre et passez 5 minutes sous le gril du four jusqu'à ce que la surface soit dorée.

- Par portion : 300 Calories – Protéines : 43 g – Glucides : 13 g – Lipides : 9 g (dont 5 g de graisses saturées) – Fibres : 1 g – Sel : 1,21 g – Pas de sucres ajoutés.

Évadez-vous en dégustant cette salade
aux saveurs mexicaines...

Salade de poulet aux tomates et à l'avocat

Pour 4 personnes
Préparation et cuisson : 20 min

- 2 cuill. à soupe d'huile d'olive
- 1 cuill. à café bombée de cumin en poudre
- 1 cuill. à café bombée de piment en poudre
- 4 blancs de poulet sans la peau
- 400 g de tomates cerises
- 6 cuill. à soupe de sauce César
- 1 oignon rouge
- 4 cœurs de laitue
- 1 bouquet de coriandre fraîche
- 3 avocats mûrs
- 400 g de haricots rouges

1 Mélangez l'huile et les épices dans un saladier puis badigeonnez les blancs de poulet de cette préparation. Faites-les revenir à sec quelques minutes de chaque côté dans une sauteuse antiadhésive. Placez les tomates dans le reste d'huile épicée du saladier, remuez pour bien les enrober puis déposez-les dans la sauteuse. Couvrez et laissez cuire encore 5 minutes.

2 Pendant ce temps, nappez de sauce César l'oignon haché, les cœurs de laitue, la coriandre ciselée et les lamelles d'avocat. Transférez le tout dans un grand plat. Répartissez les haricots rouges et les tomates sur la salade. Détaillez les blancs de poulet en lamelles et ajoutez-les sur la préparation.

• Par portion : 636 Calories – Protéines : 43 g – Glucides : 22 g – Lipides : 43 g (dont 4 g de graisses saturées) – Fibres : 10 g – Sel : 0,88 g – Sucres ajoutés : 9 g.

Ajoutez le cresson au dernier moment pour qu'il reste croquant.

Poulet au cresson et aux noix de cajou

Pour 4 personnes
Préparation et cuisson : 20 min

- 1 cuill. à soupe d'huile de tournesol
- 100 g de noix de cajou
- 2 blancs de poulet sans la peau
- 1 oignon rouge
- 1 poivron jaune ou rouge
- 150 g de cresson

POUR LA SAUCE

- 1 morceau de gingembre de 4 cm
- 2 gousses d'ail
- 3 cuill. à soupe de sauce hoisin
- 2 cuill. à soupe de sauce soja
- 1 cuill. à soupe d'huile de sésame
- 2 cuill. à soupe de vinaigre de riz ou de vin blanc

POUR SERVIR

- riz

1 Préparez la sauce : mélangez de façon homogène le gingembre râpé, l'ail haché et tous les autres ingrédients.

2 Faites chauffer l'huile à feu vif dans une sauteuse. Ajoutez les noix de cajou, le poulet coupé en lamelles, l'oignon émincé et le poivron coupé en gros morceaux. Laissez le tout revenir 4 ou 5 minutes.

3 Versez la sauce sur la préparation à base de poulet avec un peu d'eau et portez à ébullition. Retirez du feu, incorporez le cresson et servez sans attendre accompagné de riz.

• Par portion : 323 Calories – Protéines : 24 g – Glucides : 15 g – Lipides : 19 g (dont 2 g de graisses saturées) – Fibres : 3 g – Sel : 1,92 g – Sucres ajoutés : 10 g.

Un appétissant mélange de saveurs acidulées pour ce repas léger. Idéal par une chaude soirée d'été.

Couscous de poulet à la mangue

Pour 4 personnes
Préparation et cuisson : 20 min

- 1 grosse mangue
- 4 oignons nouveaux avec leurs tiges
- 1 cuill. à café bombée de cumin en poudre
- 3 cuill. à soupe de vinaigre de vin blanc
- 250 g de semoule de couscous
- 3 cuill. à soupe de marmelade d'orange
- 4 cuill. à café de moutarde à l'ancienne
- 4 blancs de poulet sans la peau

1 Faites chauffer le gril du four à température maximale. Pelez la mangue et coupez la en dés. Mélangez-les avec une grande partie des oignons et des tiges émincés, le cumin et le vinaigre puis réservez. Placez la semoule dans un grand saladier résistant à la chaleur, versez dessus 40 cl d'eau bouillante, couvrez et laissez gonfler.

2 Mélangez la marmelade et la moutarde, coupez les blancs de poulet en lamelles, disposez-les sur un plat allant au four et badigeonnez-les avec la moitié de la sauce obtenue. Passez-les 5 minutes au gril, retournez-les et badigeonnez l'autre face avec le reste de sauce. Remettez sous le gril 4 ou 5 minutes, jusqu'à ce que le poulet soit cuit.

3 Égrainez la semoule à l'aide d'une fourchette et incorporez-y la mangue assaisonnée. Recouvrez-la des lamelles de poulet et du reste d'oignons nouveaux, puis servez.

• Par portion : 369 Calories – Protéines : 35 g – Glucides : 53 g – Lipides : 3 g (dont 1 g de graisses saturées) – Fibres : 3 g – Sel : 0,43 g – Sucres ajoutés : 21 g.

Vous pouvez remplacer la tapenade par du pesto ou tout simplement par des olives noires hachées mélangées à de l'huile d'olive.

Toasts de poulet à la tapenade

Pour 1 personne
Préparation et cuisson : 10 min

- 1 pain rond *ciabatta*
- 1 blanc de poulet sans la peau
- 2 cuill. à café de tapenade
- 1 grosse tomate
- 1/2 gousse d'ail
- huile d'olive

POUR SERVIR
- quelques feuilles de roquette

1 Coupez le pain en deux dans l'épaisseur et faites griller ces deux moitiés, côté croûte vers le bas, sur un gril à feu vif. Pendant ce temps, détaillez le blanc de poulet en biseau dans la longueur pour former cinq ou six tranches et enrobez-les de tapenade. Retirez le pain toasté du gril, et faites-y revenir le poulet et la tomate tranchée en rondelles.

2 Frottez le côté grillé du pain avec la demi-gousse d'ail. Retournez les rondelles de tomate et le poulet à mi-cuisson, ce dernier devrait être entièrement cuit en 5 minutes environ. Humectez le pain aillé de quelques gouttes d'huile d'olive, puis déposez sur chaque morceau des rondelles de tomate, des tranches de poulet et quelques feuilles de roquette.

• Par toast : 596 Calories – Protéines : 44 g – Glucides : 51 g – Lipides : 25 g (dont 3 g de graisses saturées) – Fibres : 4 g – Sel : 1,72 g – Sucres ajoutés : 8 g.

Un dîner simple et appétissant,
plein de saveurs et de vitamines.

Poulet et salade d'avocat à l'orange

Pour 4 personnes
Préparation et cuisson : 20 min

- 2 cuill. à café d'huile d'olive
- 4 blancs de poulet sans la peau
- le zeste et le jus de 1 citron non traité
- 1 avocat mûr
- 2 oranges
- 3 oignons nouveaux
- 1 piment rouge (facultatif)
- 1 cuill. à soupe de coriandre ou de basilic haché

1 Faites chauffer l'huile dans une poêle antiadhésive et coupez le blanc de poulet en deux dans la diagonale. Mettez le poulet à revenir pendant 10 minutes en le retournant une fois. Ajoutez le zeste et le jus de citron pour la dernière minute de cuisson.

2 Pendant ce temps, coupez l'avocat en deux, ôtez le noyau, détaillez la chair en dés, placez-les dans un saladier et arrosez-les de jus de cuisson. Pelez entièrement les oranges et extrayez-en les quartiers sans la peau. Mélangez-les délicatement avec l'avocat, les oignons finement hachés, éventuellement le piment rouge épépiné et détaillé en petits morceaux et la coriandre. Servez cette salade avec le poulet.

• Par portion : 240 Calories – Protéines : 35 g – Glucides : 8 g – Lipides : 8 g (dont 1 g de graisses saturées) – Fibres : 3 g – Sel : 0,23 g – Sucres ajoutés : 7 g.

Cette recette se prépare avec des ingrédients à cuisson rapide pour réaliser un appétissant plat complet en quinze minutes.

Nouilles chinoises au poulet et au soja

Pour 2 personnes

Préparation et cuisson : 15 min

- 1 cuill. à soupe d'huile de tournesol
- 4 blancs de poulet sans la peau
- 1 gousse d'ail
- 1 poivron rouge
- 1 botte d'oignons nouveaux
- 100 g de germes de soja
- 300 g de nouilles chinoises précuites
- 3 cuill. à soupe de sauce hoisin

1 Faites chauffer l'huile dans une grande sauteuse. Détaillez les blancs de poulet en dés et laissez revenir pendant 3 minutes dans la sauteuse.

2 Ajoutez l'ail haché et le poivron émincé. Prolongez la cuisson de 2 minutes, puis incorporez les oignons nouveaux finement hachés, les germes de soja, les nouilles et la sauce hoisin avec 5 cuillerées à soupe d'eau. Mélangez l'ensemble, laissez chauffer encore 2 minutes et servez sans attendre.

• Par portion : 441 Calories – Protéines : 31 g – Glucides : 55 g – Lipides : 12 g (dont 2 g de graisses saturées) – Fibres : 5 g – Sel : 4,07 g – Sucres ajoutés : 11 g.

Cette salade se prépare aussi sans cuisson avec des olives, de la salade, de l'oignon et quatre blancs de poulet cuits. Mélangez le zeste et le jus de citron, le thym, l'huile et l'ail pour en assaisonner la salade.

Salade de poulet citronné au thym

Pour 4 personnes
Préparation et cuisson : 20 min

- 4 blancs de poulet sans la peau
- le zeste et le jus de 1 citron non traité
- 1 cuill. à café de thym séché ou quelques brins de thym frais
- 3 cuill. à soupe d'huile végétale
- 150 g de mesclun ou 2 cœurs de laitue
- 1 oignon rouge
- 1 gousse d'ail
- 1 poignée d'olives noires
- sel et poivre du moulin

1 Détaillez les blancs de poulet en lamelles et placez-les dans un bol avec le zeste de citron et le thym. Poivrez généreusement, salez à votre convenance et mélangez bien avec les mains. Faites revenir le poulet de 8 à 10 minutes dans une poêle avec 1 cuillerée à soupe d'huile jusqu'à ce qu'il soit doré. Pendant ce temps, mettez le mesclun et l'oignon coupé en lamelles dans un saladier.

2 Écrasez l'ail, coupez les olives en deux et dénoyautez-les. Faites revenir le tout pendant 1 minute dans la poêle puis répartissez ce mélange sur la salade. Retirez la poêle du feu et versez-y le jus de citron et le reste d'huile. Mélangez bien en décollant les particules ayant attaché au fond. Rectifiez l'assaisonnement, incorporez la préparation à la salade, ajoutez les lamelles de poulet et servez.

• Par portion : 245 Calories – Protéines : 34 g – Glucides : 2 g – Lipides : 11 g (dont 2 g de graisses saturées) – Fibres : 1 g – Sel : 0,72 g – Sucres ajoutés : 2 g.

Composez une variante en préparant ces naan avec du poulet assaisonné au piment doux ou au citron vert et à la coriandre, accompagné d'une sauce au piment doux.

Sandwichs au poulet tikka

Pour 4 personnes
Préparation et cuisson : 15 min

- 1/4 de concombre
- 1/4 de laitue
- 2 oignons nouveaux
- 150 g de poulet tikka cuit
- quelques feuilles de menthe fraîche
- 4 *naan* (pains indiens)
- 8 cuill. à soupe de yaourt nature

1 Détaillez le concombre en tranches fines, la laitue et les oignons en lamelles, ciselez la menthe et mélangez le tout pour faire une salade. Faites chauffer les naan pendant 1 minute au four à micro-ondes jusqu'à ce qu'ils gonflent, puis gardez-les au chaud.

2 Découpez le poulet en morceaux. Réchauffez-le dans un récipient adapté au four micro-ondes pendant quelques minutes. Coupez les naan verticalement en deux moitiés et remplissez-les de salade, de poulet et de 1 cuillerée à soupe de yaourt.

• Par portion : 242 Calories – Protéines : 16,7 g – Glucides : 33,4 g – Lipides : 5,5 g (dont 2,3 g de graisses saturées) – Fibres : 1,7 g – Sel : 1,04 g – Sucres ajoutés : 4,8 g.

Une recette parfaite : délicatement parfumée, facile à préparer et pauvre en graisses... Bon appétit !

Poulet grillé au thym et au citron

Pour 4 personnes
Préparation et cuisson : 20 min

- 2 gousses d'ail
- le zeste de 1 citron non traité
- 2 cuill. à soupe de jus de citron
- 2 cuill. à soupe d'huile d'olive
- 1/4 de cuill. à café de thym séché
- 4 blancs de poulet sans la peau

POUR SERVIR
- houmous
- olives
- salade
- pain

1 Mélangez l'ail haché, le zeste et le jus de citron, l'huile et le thym. Recouvrez les blancs de poulet de cette préparation et faites-les griller 4 ou 5 minutes de chaque côté au barbecue ou sur un gril à feu vif.

2 Servez le poulet très chaud, agrémenté de quelques gouttes d'huile d'olive et accompagné de houmous, d'olives, de salade et de pain.

• Par portion : 201 Calories – Protéines : 34 g – Glucides : 1 g – Lipides : 7 g (dont 1 g de graisses saturées) – Pas de fibres – Sel : 0,21 g – Pas de sucres ajoutés.

Cette salade fera un savoureux dîner sur le pouce.
Pour un plat moins relevé, épépinez le piment.

Salade asiatique de poulet à la menthe

Pour 4 personnes
Préparation et cuisson : 10 min

- 250 g de vermicelles de riz
- 2 blancs de poulet cuits
- 1/2 concombre
- 3 oignons nouveaux
- 1 piment rouge
- 4 cuill. à soupe de sauce soja ou de nuoc-mâm (à base de poisson)
- 2 cuill. à café de sucre en poudre
- le zeste et le jus de 1 citron vert
- quelques feuilles de menthe fraîche

1 Plongez les vermicelles pendant 5 minutes dans l'eau. Sortez-les, passez-les sous l'eau froide puis égouttez-les bien. Mélangez-les avec le poulet coupé en morceaux, le concombre en rondelles, les oignons émincés et le piment haché dans un grand saladier.

2 Mélangez la sauce soja, le sucre, le zeste et le jus de citron vert. Versez cette sauce sur les vermicelles, saupoudrez-les de menthe ciselée, remuez et servez.

• Par portion : 320 Calories – Protéines : 22 g – Glucides : 56 g – Lipides : 2 g (dont 1 g de graisses saturées) – Pas de fibres – Sel : 2,83 g – Sucres ajoutés : 5 g.

Pour donner plus de piquant à cette recette, ajoutez une pincée de piment de Cayenne. Servez-la avec une salade verte et du riz, ou de la purée qui absorbera la sauce.

Poulet laqué au thym

Pour 4 personnes
Préparation et cuisson : 20 min

- 4 blancs de poulet sans la peau
- 1 cuill. à soupe d'huile d'olive
- 30 cl de bouillon de volaille
- 4 cuill. à soupe de marmelade
- 1 cuill. à café de thym frais ou 1/2 cuill. à café de thym séché
- sel et poivre du moulin

1 Assaisonnez les blancs de poulet si vous le désirez. Faites-les revenir pendant 8 minutes avec l'huile dans une sauteuse en les retournant une fois, jusqu'à ce qu'ils soient dorés sur les deux faces. Ajoutez le bouillon, la marmelade et le thym, mélangez bien et laissez cuire à petit bouillon pendant 5 minutes en arrosant régulièrement le poulet de sauce.

2 Retirez les blancs de poulet et laissez réduire la sauce jusqu'à l'obtention d'un sirop. Replacez le poulet dans la sauteuse et tournez-les dans le sirop jusqu'à ce qu'ils soient bien enrobés. Servez très chaud.

• Par portion : 215 Calories – Protéines : 34 g – Glucides : 11 g – Lipides : 4 g (dont 1 g de graisses saturées) – Pas de fibres – Sel : 0,50 g – Sucres ajoutés : 9 g.

Pour une version sans gluten de cette salade tiède, remplacez la semoule par 200 g de riz long cuit.

Couscous de poulet citronné

Pour 4 personnes
Préparation : 20 min

- 4 blancs de poulet cuits sans la peau
- le zeste et le jus de 1 citron non traité
- 3 cuill. à soupe d'huile d'olive
- 300 g de semoule à couscous
- 40 cl de bouillon de volaille
- 250 g de tomates cerises
- 50 g de pignons grillés ou de cerneaux de noix
- 1 bouquet de menthe fraîche
- sel et poivre du moulin

1 Disposez les blancs de poulet détaillés en lamelles dans un plat peu profond. Fouettez ensemble le zeste et le jus de citron avec l'huile d'olive, puis enrobez le poulet de cette marinade. Couvrez et réservez.

2 Placez la semoule dans un saladier et arrosez-la de bouillon chaud. Couvrez et laissez gonfler pendant 10 minutes, jusqu'à ce que tout le liquide ait été absorbé. Égrainez la semoule à l'aide d'une fourchette, puis incorporez-y les tomates coupées en deux, les pignons de pin et la moitié de la menthe ciselée.

3 Retirez les blancs de poulet de la marinade et versez les deux tiers de celle-ci sur la semoule. Goûtez et assaisonnez à votre convenance.

4 Disposez les blancs de poulet sur la salade de semoule, arrosez-les du reste de marinade et saupoudrez de la menthe restante.

• Par portion : 537 Calories – Protéines : 45 g – Glucides : 41 g – Lipides : 22 g (dont 4 g de graisses saturées) – Fibres : 1 g – Sel : 0,6 g – Pas de sucres ajoutés.

Que la simplicité apparente de cette salade ne vous trompe pas, elle constitue un véritable plat complet.

Salade de poulet aux poivrons grillés

Pour 4 personnes
Préparation : 15 min

- 1 poulet rôti
- 180 g de mesclun
- 85 g de jambon de Parme
- 3 poivrons grillés en bocal
- sel et poivre du moulin

POUR LA SAUCE
- le jus de 1 citron
- 1 gousse d'ail
- 1 yaourt nature

1 Préparez la sauce. Fouettez le jus de citron, l'ail pelé et haché avec le yaourt dans un grand saladier. Assaisonnez et laissez reposer pendant au moins 5 minutes pour que les parfums se développent.

2 Ajoutez la chair de poulet sans la peau émincée, le mesclun, le jambon découpé en morceaux et les poivrons détaillés en lamelles dans le saladier. Mélangez bien pour enrober l'ensemble des ingrédients de sauce.

• Par portion : 467 Calories – Protéines : 57 g – Glucides : 7 g – Lipides : 24 g (dont 6 g de graisses saturées) – Fibres : 2 g – Sel : 2,37 g – Pas de sucres ajoutés.

Les plats poêlés sont parfaitement adaptés aux courtes pauses-déjeuner. Voici une recette de poulet sauté pauvre en graisses et riche en saveurs...

Poêlée de poulet pimentée au chou

Pour 2 personnes
Préparation et cuisson : 20 min

- 300 g de blanc de poulet sans la peau
- 1 cuill. à soupe d'huile d'olive
- 1 poivron rouge
- 6 oignons nouveaux avec leurs tiges
- 1/2 cuill. à café de piment en poudre
- 3 cuill. à soupe de sauce soja
- 1 cuill. à soupe de miel doux liquide
- 5 feuilles de chou frisé
- quelques feuilles de coriandre fraîche

POUR SERVIR

- 125 g de nouilles de riz (facultatif)

1 Dans un wok, faites revenir les blancs de poulet émincés pendant quelques minutes avec l'huile. Ajoutez le poivron coupé en lamelles et les oignons émincés puis prolongez la cuisson, jusqu'à ce que le poulet soit cuit.

2 Incorporez le piment en poudre, la sauce soja et le miel dans le wok, disposez les feuilles de chou ciselées par-dessus et couvrez. Laissez cuire quelques minutes, puis ajoutez les tiges des oignons et la coriandre ciselées.

3 Mélangez bien la préparation et, si vous le souhaitez, servez avec des nouilles de riz.

• Par portion : 532 Calories – Protéines : 52 g – Glucides : 67 g – Lipides : 8 g (dont 1 g de graisses saturées) – Fibres : 4 g – Sel : 4,40 g – Sucres ajoutés : 6 g.

Moins de graisses pour plus de plaisir, tel est le secret de ces hamburgers dont la panure est grillée et non frite dans l'huile.

Hamburgers au poulet et mayonnaise citronnée

Pour 4 personnes
Préparation et cuisson : 20 min

- 4 blancs de poulet sans la peau
- 3 tranches de pain grillé
- 1 œuf
- 1 cuill. à café de moutarde de Dijon
- 4 cuill. à soupe de mayonnaise allégée
- le zeste de 1 citron non traité
- le jus de 1/2 citron frais
- 4 pains ronds *ciabatta*
- poivre du moulin

POUR SERVIR

- quelques rondelles de tomate
- quelques feuilles de salade

1 Faites chauffer le gril du four à température maximale. Disposez les blancs de poulet entre deux morceaux de film alimentaire et aplatissez-les avec un rouleau à pâtisserie pour diminuer leur épaisseur. Réduisez le pain grillé en chapelure grossière à l'aide d'un robot puis étalez-la sur une assiette.

2 Battez l'œuf et la moutarde dans un saladier. Trempez-y chaque blanc de poulet, égouttez-le puis retournez-le dans la chapelure. Posez les blancs de poulet panés sur une plaque de cuisson et passez-les 10 minutes sous le gril, en les retournant une fois, jusqu'à ce qu'ils soient croustillants des deux côtés.

3 Mélangez la mayonnaise avec le zeste et le jus de citron en poivrant le tout généreusement. Badigeonnez de mayonnaise la moitié inférieure de chaque pain et disposez dessus des rondelles de tomate. Ajoutez une escalope de poulet panée, de la salade et recouvrez avec la seconde moitié de pain.

• Par portion : 396 Calories – Protéines : 43 g – Glucides : 37 g – Lipides : 10 g (dont 2 g de graisses saturées) – Fibres : 2 g – Sel : 1,80 g – Sucres ajoutés : 2 g.

En plus d'être appétissante avec ses couleurs variées, cette salade ravira votre palais par son mélange de saveurs.

Salade chaude de poulet aux betteraves et au chèvre

Pour 2 personnes
Préparation et cuisson : 20 min

- 1/2 baguette
- 2 blancs de poulet sans la peau
- 4 cuill. à soupe d'huile d'olive
- 1 cuill. à soupe de vinaigre balsamique
- 150 g de mesclun
- 250 g de betteraves rouges cuites
- 100 g de fromage de chèvre
- sel et poivre du moulin

1 Préchauffez le four à 200 °C (therm. 6-7). Détaillez le pain et le poulet en dés et répartissez le tout dans un plat peu profond allant au four. Arrosez-les de 2 cuillerées à soupe d'huile d'olive et remuez pour bien les enrober. Assaisonnez, puis enfournez pour 15 minutes jusqu'à ce que le poulet soit cuit. Pendant ce temps, fouettez le reste d'huile et le vinaigre dans un bol.

2 Mélangez les croûtons, le poulet et le mesclun, puis répartissez l'ensemble dans deux assiettes. Ajoutez les betteraves coupées en morceaux et le chèvre émietté, versez un filet de sauce et servez sans attendre.

• Par portion : 625 Calories – Protéines : 48 g – Glucides : 32 g – Lipides : 35 g (dont 10 g de graisses saturées) – Fibres : 4 g – Sel : 2,88 g – Sucres ajoutés : 15 g.

Un léger glaçage d'inspiration asiatique métamorphose de simples blancs de poulet.

Poulet laqué au piment

Pour 4 personnes
Préparation et cuisson : 20 min

- 3 ou 4 cuill. à soupe de sauce au piment (selon votre goût)
- 2 cuill. à soupe de miel doux liquide
- 2 cuill. à soupe d'huile d'olive
- 4 blancs de poulet avec la peau
- 2 gousses d'ail
- quartiers de citron vert (facultatif)
- sel et poivre du moulin

1 Faites chauffer un gril sur feu vif. Préparez le glaçage en mélangeant la sauce au piment, le miel et l'huile dans un grand saladier. Avec un couteau bien aiguisé, incisez les blancs de poulet de trois à quatre entailles. Salez et poivrez à votre convenance, puis soulevez la peau et étalez l'ail pressé sur la chair. Badigeonnez le côté sans la peau des blancs de glaçage et réservez le reste.

2 Placez les blancs de poulet côté peau vers le bas sur le gril et laissez cuire 8 minutes jusqu'à ce que leur surface soit dorée et collante. Retournez-les, badigeonnez le côté peau avec le reste de glaçage et remettez-les sur le gril de 6 à 8 minutes jusqu'à ce qu'ils soient tendres et entièrement cuits. Servez accompagné de quartiers de citron vert, si vous le souhaitez.

• Par portion : 242 Calories – Protéines : 12 g – Glucides : 66 g – Lipides : 9 g (dont 2 g de graisses saturées) – Fibres : 1 g – Sel : 1,28 g – Sucres ajoutés : 6 g.

Ce plat savoureux et diététique nécessitant peu de cuisson sera particulièrement appréciable un soir de semaine.

Nouilles de riz au poulet et aux cacahuètes

Pour 4 personnes
Préparation et cuisson : 15 min

- 250 g de nouilles de riz
- 2 blancs de poulet sans la peau
- 1 poivron rouge
- 2 poignées de germes de soja
- 3 cuill. à soupe de sauce pimentée
- 4 cuill. à soupe de sauce soja
- 4 oignons nouveaux
- 50 g de cacahuètes

POUR SERVIR

- 1 bouquet de coriandre fraîche

1 Faites cuire les nouilles dans une casserole d'eau bouillante. Pendant ce temps, placez le poulet haché et le poivron coupé en lamelles dans un plat, couvrez et mettez 2 minutes au four à micro-ondes.

2 Égouttez les nouilles et versez-les dans un saladier. Ajoutez les germes de soja. Fouettez ensemble les sauces pimentée et soja, puis versez cette préparation sur les nouilles avec le poulet, le poivron et les oignons émincés. Parsemez de cacahuètes concassées et de coriandre ciselée puis servez.

• Par portion : 407 Calories – Protéines : 27 g – Glucides : 59 g – Lipides : 9 g (dont 2 g de graisses saturées) – Fibres : 2 g – Sel : 3,59 g – Sucres ajoutés : 7 g.

Pour utiliser moins de lard, étirez les tranches en les frottant avec le dos d'un couteau pour les rendre plus longues et plus étroites. Ainsi, une seule tranche par blanc de poulet suffira.

Poulet au lard et à la moutarde

Pour 4 personnes
Préparation et cuisson : 35 min

- 125 g de mozzarella
- 50 g de cheddar ou de parmesan râpé
- 1 cuill. à soupe de moutarde à l'ancienne
- 4 blancs de poulet sans la peau
- 8 tranches de lard fumé
- sel et poivre du moulin

1 Préchauffez le four à 200 °C (therm. 6-7). Mélangez la mozzarella coupée en petits dés et le cheddar avec la moutarde. Incisez chaque blanc de poulet et remplissez l'ouverture de ce mélange.

2 Enroulez deux tranches de lard autour de chaque blanc en serrant juste assez pour le garder fermé. Assaisonnez, placez dans un plat allant au four et laissez cuire de 20 à 25 minutes.

• Par portion : 367 Calories – Protéines : 49 g – Pas de glucides – Lipides : 19 g (dont 10 g de graisses saturées) – Pas de fibres – Sel : 1,93 g – Pas de sucres ajoutés.

Accompagné simplement de roquette ou de haricots verts, ce plat égaiera votre déjeuner dominical.

Poulet rôti et légumes au sirop d'érable

Pour 4 personnes
Préparation et cuisson : 1 h 15

- 750 g de pommes de terre nouvelles
- 2 oignons rouges
- 1 tête d'ail séparée en gousses
- 2 cuill. à soupe d'huile d'olive
- 2 cuill. à soupe de sirop d'érable
- 1 cuill. à soupe bombée de moutarde à l'ancienne
- 1 gros poivron rouge
- 2 belles courgettes
- quelques brins de thym frais
- 4 belles cuisses de poulet
- sel et poivre du moulin

1 Préchauffez le four à 200 °C (therm. 6-7). Coupez les pommes de terre en deux et les oignons en quartiers. Placez-les dans un grand plat allant au four avec les gousses d'ail entières (réservez-en deux) et la moitié de l'huile. Assaisonnez et faites rôtir pendant 15 minutes.

2 Pendant ce temps, pelez et pressez l'ail restant, mélangez-le avec le sirop d'érable, la moutarde, le reste d'huile et assaisonnez à votre convenance.

3 Détaillez le poivron en morceaux et les courgettes en lamelles. Répartissez-les sur les pommes de terre avec le thym. Posez les cuisses de poulet sur la préparation et badigeonnez-les généreusement de marinade au sirop d'érable. Enfournez de 45 minutes à 1 heure jusqu'à ce que le poulet soit cuit et les légumes tendres.

• Par portion : 484 Calories – Protéines : 27 g – Glucides : 45 g – Lipides : 23 g (dont 6 g de graisses saturées) – Fibres : 5 g – Sel : 1,83 g – Sucres ajoutés : 13 g.

Rôtir le poulet à faible température lui permet de rester moelleux et cuire les pommes de terre directement dans le plat les rend plus savoureuses...

Poulet rôti et pommes de terre au four

Pour 4 personnes
Préparation et cuisson : 2h45

- 1 noix de beurre
- 1 poulet d'environ 1,5 kg
- 1 kg de pommes de terre à chair ferme
- 2 gousses d'ail
- 10 cl de vin blanc
- 10 cl de bouillon de volaille
- 2 brins de romarin frais
- 6 feuilles de laurier
- 1 citron

1 Préchauffez le four à 160 °C (therm. 5-6). Beurrez un grand plat allant au four puis la peau du poulet.

2 Placez le poulet entier dans le plat et disposez les pommes de terre pelées et coupées en deux autour. Coupez les têtes d'ail en deux et répartissez-les dans le plat. Arrosez le tout de vin blanc et de bouillon, couvrez d'une feuille d'aluminium et enfournez. Laissez cuire pendant 1 heure, puis enlevez l'aluminium, retournez les pommes de terre, ajoutez le romarin et le laurier avec les quartiers de citron et remettez à cuire pendant 50 minutes.

3 Augmentez la température du four à 220 °C (therm. 7-8). Prolongez la cuisson de 30 minutes, puis retirez le poulet et les pommes de terre du plat. Recouvrez la volaille d'aluminium et laissez-la reposer au moins 10 minutes avant de la découper. Gardez les pommes de terre au chaud et servez le tout accompagné du jus de cuisson.

• Par portion : 634 Calories – Protéines : 44 g – Glucides : 56 g – Lipides : 27 g (dont 9 g de graisses saturées) – Fibres : 5 g – Sel : 1,76 g – Sucres ajoutés : 4 g.

Très rapide à préparer et pourtant sophistiquée, cette recette comblera vos amis. Accompagnez-la de pommes de terre sautées et de haricots verts.

Poulet au mascarpone et au jambon de Parme

Pour 2 personnes

Préparation et cuisson : 35 min

- 3 cuill. à soupe de mascarpone
- 1 cuill. à soupe de romarin frais
- 1 gousse d'ail
- 2 blancs de poulet avec la peau
- 4 tranches de jambon de Parme
- 1 cuill. à soupe d'huile d'olive
- le jus de 1/2 citron
- sel et poivre du moulin

1 Préchauffez le four à 200 °C (therm. 6-7). Mélangez le mascarpone, le romarin haché, l'ail écrasé et l'assaisonnement. Soulevez la peau des blancs de poulet sans la détacher, étalez sur la chair 1 cuillerée à soupe de cette préparation, rabattez la peau puis entourez chaque blanc d'une tranche de jambon de Parme.

2 Préchauffez l'huile dans une poêle antiadhésive, puis faites-y revenir rapidement les blancs sur les deux faces. Transférez-les dans un plat allant au four et laissez cuire de 15 à 20 minutes. Sortez les blancs du plat, couvrez d'aluminium et laissez reposer au moins 5 minutes.

3 Posez le plat sur feu doux, versez-y le jus de citron et déglacez-le en grattant le fond. Arrosez le poulet avec le jus de cuisson déglacé et servez.

• Par portion : 339 Calories – Protéines : 37 g – Glucides : 3 g – Lipides : 20 g (dont 9 g de graisses saturées) – Pas de fibres – Sel : 1,24 g – Sucres ajoutés : 2 g.

Dans cette recette hypocalorique, le vinaigre balsamique parfume la sauce et rend le poulet plus moelleux. Un accompagnement de riz blanc et de salade verte convient parfaitement.

Poulet à l'orange et au romarin

Pour 4 personnes
Préparation et cuisson : 25 min

- 4 blancs de poulet sans la peau
- 2 cuill. à soupe d'huile d'olive
- 3 cuill. à soupe de vinaigre balsamique
- 15 cl de jus d'orange frais
- 15 cl de bouillon de volaille
- 2 cuill. à café de romarin frais
- 1 cuill. à soupe de sucre brun en poudre
- 1 noix de beurre
- sel et poivre du moulin

POUR SERVIR
- quartiers d'orange
- romarin frais

1 Enroulez les blancs de poulet dans du film alimentaire, aplatissez-les avec un rouleau à pâtisserie, déballez-les puis poivrez chaque escalope. Faites-les revenir pendant 5 minutes avec l'huile dans une poêle à feu moyen en les retournant à mi-cuisson.

2 Versez 2 cuillerées à soupe de vinaigre sur les escalopes de poulet, arrosez de jus d'orange et de bouillon, parsemez du romarin finement haché puis salez à votre convenance. Portez à ébullition, baissez le feu et laissez cuire 5 minutes à petit bouillon, jusqu'à ce que le poulet soit cuit, en l'arrosant régulièrement de sauce et en le retournant à mi-cuisson. Retirez le poulet.

3 Ajoutez le sucre, le beurre et le reste de vinaigre. Laissez réduire la sauce quelques minutes. Transférez les blancs de poulet dans un plat de service, arrosez-les de sauce, et servez avec des quartiers d'orange et du romarin.

• Par portion : 259 Calories – Protéines : 34 g – Glucides : 11 g – Lipides : 9 g (dont 3 g de graisses saturées) – Fibres : traces – Sel : 0,3 g – Sucres ajoutés : 5 g.

Choisissez des blancs de poulet avec une peau épaisse pour retenir la farce et maintenez-la en place avec des piques en bois.

Poulet farci aux épinards et à la feta

Pour 4 personnes
Préparation et cuisson : 30 à 35 min

- 4 blancs de poulet avec la peau
- 85 g d'épinards surgelés
- 85 g de feta
- 2 cuill. à soupe d'huile d'olive
- 2 cuill. à soupe de pignons de pin
- sel et poivre noir du moulin

1 Soulevez la peau des blancs de poulet. Égouttez et pressez les épinards dégelés dans une passoire pour en extraire le maximum d'eau. Mélangez-les avec la feta émiettée et un peu de poivre noir. Étalez cette farce entre la peau et la chair des blancs de poulet puis salez et poivrez-les modérément.

2 Faites chauffer l'huile dans une sauteuse avec un couvercle. Faites-y revenir les blancs de poulet côté peau vers le bas jusqu'à ce qu'elle ait bruni. Retournez-les et dorez l'autre côté, puis ajoutez les pignons et laissez-les légèrement griller. Mouillez avec 6 cuillerées à soupe d'eau, couvrez et prolongez la cuisson de 15 à 20 minutes, jusqu'à ce que le poulet soit cuit.

• Par portion : 308 Calories – Protéines : 36 g – Glucides : 2 g – Lipides : 18 g (dont 5 g de graisses saturées) – Fibres : 1 g – Sel : 1,32 g – Sucres ajoutés : 1 g.

Les parfums du Maroc donnent à cette recette une saveur exceptionnelle.

Poulet rôti aux épices marocaines

Pour 6 personnes
Préparation et cuisson : 1 h 40

- 2 citrons
- 2 têtes d'ail + 2 gousses
- 1 poulet d'environ 2 kg
- 2 cuill. à café de mélange d'épices marocaines
- 1 cuill. à café de paprika fumé
- 50 g de beurre
- 20 cl de yaourt à la grecque
- sel et poivre du moulin

1 Préchauffez le four à 200 °C (therm. 6-7). Enfoncez un demi-citron et une demi-tête d'ail à l'intérieur du poulet puis mettez-le dans un plat allant au four. Mélangez les gousses d'ail écrasées et la moitié des épices avec le beurre ramolli, puis étalez-le sur le poulet. Assaisonnez généreusement, répartissez les têtes d'ail restantes autour de la volaille et enfournez pour 1 heure.

2 Mélangez le reste des épices avec le yaourt à la grecque puis assaisonnez. Sortez le poulet du four et enrobez-le de yaourt épicé. Arrosez-le de quelques cuillerées de jus et répartissez les demi-citrons restants autour du poulet. Remettez le tout au four pendant 15 minutes, jusqu'à ce que le yaourt soit doré et le jus de cuisson transparent lorsqu'on pique profondément le poulet. Sortez la volaille, couvrez-la d'aluminium et laissez-la reposer 10 minutes avant de la découper.

• Par portion : 379 Calories – Protéines : 29 g – Glucides : 3 g – Lipides : 28 g (dont 12 g de graisses saturées) – Pas de fibres – Sel : 1,96 g – Sucres ajoutés : 2 g.

La délicieuse association du poulet, du fromage de chèvre et du lard est équilibrée par la douceur des tomates et des courgettes.

Légumes au four et poulet farci au chèvre

Pour 2 personnes
Préparation et cuisson : 1 h

- 2 blancs de poulet sans la peau
- 100 g de crottin de chavignol
- 1 cuill. à café de thym frais
- 4 tranches fines de lard
- 1 ou 2 cuill. à soupe d'huile d'olive
- 250 g de tomates
- 2 courgettes
- sel et poivre du moulin

POUR SERVIR
- pommes de terre

1 Préchauffez le four à 190 °C (therm. 6-7). Entaillez profondément les blancs de poulet dans la longueur sur un côté, puis ouvrez-les comme un livre. Aplatissez-les avec un rouleau à pâtisserie pour les escaloper. Assaisonnez-les des deux côtés. Répartissez le chèvre émietté sur une moitié de poulet, saupoudrez d'une partie du thym, rabattez l'autre moitié sur la farce, puis bardez chaque blanc de poulet avec deux tranches de lard.

2 Huilez légèrement un plat allant au four. Recouvrez le fond de rondelles de tomate et de courgette. Parsemez du reste de thym, arrosez d'huile d'olive, salez et poivrez.

3 Posez le poulet sur les légumes et enfournez pour 45 minutes, jusqu'à ce que le lard soit doré et croustillant. Servez avec des pommes de terre cuites à la vapeur.

• Par portion : 476 Calories – Protéines : 52 g – Glucides : 6 g – Lipides : 27 g (dont 13 g de graisses saturées) – Fibres : 2 g – Sel : 2,03 g – Sucres ajoutés : 6 g.

Poser le poulet sur le ventre en début de cuisson évite que les blancs ne se dessèchent dans cette recette à cuisson lente.

Poulet au cidre et au céleri

Pour 4 personnes
Préparation et cuisson : 2 h 15

- 1 noix de beurre
- 1 poulet d'environ 2 kg
- 4 tranches fines de lard
- 1 oignon
- 2 carottes
- quelques branches de thym
- 2 cœurs de céleri
- 15 cl de cidre brut
- 30 cl de bouillon de volaille
- sel et poivre du moulin

1 Préchauffez le four à 190 °C (therm. 6-7). Faites fondre le beurre dans une grande cocotte allant au four et dorez-y le poulet à feu doux de tous les côtés pendant 15 minutes. Sortez-le. Ajoutez le lard coupé en dés et laissez-les revenir 3 ou 4 minutes. Incorporez l'oignon haché, les carottes coupées en dés et le thym. Laissez les légumes ramollir pendant 5 minutes.

2 Répartissez les cœurs de céleri coupés en quartiers sur les légumes puis posez le poulet au milieu, les blancs vers le bas. Arrosez de cidre et de bouillon, portez à ébullition puis enfournez à découvert pour 1 heure.

3 Retournez la volaille, blancs vers le haut et prolongez la cuisson de 30 minutes, jusqu'à ce que les cuisses se détachent facilement. Rectifiez l'assaisonnement des légumes, si nécessaire, puis servez-les avec le poulet.

• Par portion : 679 Calories – Protéines : 62 g – Glucides : 7 g – Lipides : 44 g (dont 14 g de graisses saturées) – Fibres : 2 g – Sel : 1,37 g – Sucres ajoutés : 6 g.

L'enveloppe délicate et croustillante dissimule un savoureux cœur moelleux.

Mini-tourtes au poulet et aux asperges

Pour 8 personnes
Préparation et cuisson : 50 min
Réfrigération : 30 min

- 500 g de pâte feuilletée prête à l'emploi
- 2 blancs de poulet cuits sans la peau
- 1/2 botte d'asperges
- 85 g de petits pois
- 100 g de crème fraîche
- 1 œuf battu
- sel et poivre du moulin

1 Déroulez la pâte feuilletée et découpez-y huit disques d'environ 9 cm de diamètre et garnissez-en les creux d'une plaque à muffins. Émincez le poulet, nettoyez les asperges, détaillez-les en petits tronçons et répartissez le tout dans les cavités avec les petits pois. Assaisonnez, puis ajoutez 1 cuillerée de crème fraîche dans chaque tourte.

2 Découpez huit disques de pâte de 7 cm de diamètre. Badigeonnez le pourtour des tourtes d'œuf battu, puis fermez-les avec les disques découpés en les pressant sur la garniture et en pinçant le pourtour pour souder les deux parties. Placez au réfrigérateur pendant 30 minutes et jusqu'à 2 jours si vous les préparez à l'avance.

3 Préchauffez le four à 200 °C (therm. 6-7). Badigeonnez d'œuf les couvercles des tourtes et enfournez-les pour 30 à 35 minutes, jusqu'à ce que la pâte soit dorée et croustillante. Servez chaud ou laissez refroidir complètement.

• Par portion : 396 Calories – Protéines : 15 g – Glucides : 30 g – Lipides : 25 g (dont 12 g de graisses saturées) – Fibres : 2 g – Sel : 0,34 g – Sucres ajoutés : 1 g.

Faites d'un simple poulet rôti la pièce maîtresse d'un repas de fête en le cuisant sur un lit de carottes qui développeront toutes leurs saveurs.

Poulet rôti au miel et aux carottes braisées

Pour 4 personnes
Préparation et cuisson : 1 h 30

- 2 bottes de carottes
- 1 tête d'ail
- 1 citron
- 1 cuill. à café de graines de cumin
- 1 cuill. à café de miel doux liquide
- 85 g de beurre
- 1 bouquet de persil
- 1 poulet d'environ 2 kg
- 1 feuille de laurier
- sel et poivre du moulin

1 Préchauffez le four à 200 °C (therm. 6-7). Pelez les carottes et hachez deux gousses d'ail. Disposez les carottes dans un plat allant au four, arrosez-les de quelques gouttes de jus de citron, puis ajoutez l'ail haché, le cumin, le miel et la moitié du beurre. Assaisonnez et mélangez le tout.

2 Séparez les feuilles des tiges de persil. Assaisonnez l'intérieur du poulet puis remplissez-le avec les tiges, les moitiés de citron, les gousses d'ail restantes et le laurier. Posez le poulet sur les carottes et badigeonnez-le du reste de beurre. Enfournez pour 40 à 50 minutes, jusqu'à ce que le poulet soit bien cuit. Sortez le poulet du plat, couvrez-le d'une feuille d'aluminium et laissez-le reposer pendant 10 minutes.

3 Hachez les feuilles de persil. Parsemez-en les carottes et réchauffez le plat à feu doux jusqu'à ce qu'elles grésillent. Servez le poulet sans attendre.

• Par portion : 588 Calories – Protéines : 42 g – Glucides : 3,6 g – Lipides : 45 g (dont 20 g de graisses saturées) – Fibres : 0,1 g – Sel : 0,79 g – Sucres ajoutés : 1 g.

Ce plat gourmand mérite d'être préparé à l'avance, car il sera encore meilleur après avoir reposé au réfrigérateur. À servir avec du riz ou de la purée.

Poulet rôti aux poivrons et aux tomates

Pour 4 personnes
Préparation et cuisson : 1 h 30

- 2 cuill. à soupe d'huile d'olive
- 8 hauts de cuisse
- 1 poivron rouge
- 1 poivron vert
- 2 gousses d'ail
- 1 poireau
- 230 g de jambon blanc
- 1 cuill. à café de paprika
- 30 cl de vin rouge
- 400 g de tomates concassées en conserve
- 1 cuill. à soupe de concentré de tomates
- 2 branches de thym frais ou 1/2 cuill. à café de thym séché
- sel et poivre du moulin

POUR SERVIR
- 2 cuill. à soupe de persil frais haché

1 Préchauffez le four à 200 °C (therm. 6-7). Faites chauffer l'huile à feu vif dans une grande cocotte allant au four et mettez les hauts de cuisse à revenir sur toutes leurs faces. Retirez-les avec une écumoire et réservez-les. Réduisez un peu le feu et ajoutez les poivrons nettoyés et coupés en quartiers. Laissez-les griller pendant 2 ou 3 minutes puis incorporez l'ail pressé et le poireau émincé avec le jambon détaillé en dés.

2 Saupoudrez de paprika, laissez revenir quelques secondes puis mouillez avec le vin et laissez bouillir quelques minutes. Ajoutez les tomates concassées et le concentré de tomates avec le thym puis mélangez bien. Incorporez le poulet, recouvrez d'eau et assaisonnez. Portez à ébullition, couvrez puis enfournez. Laissez cuire pendant 1 heure, jusqu'à ce que le poulet soit cuit et tendre. Parsemez de persil puis servez.

• Par portion : 896 Calories – Protéines : 71 g – Glucides : 9 g – Lipides : 59 g (dont 17 g de graisses saturées) – Fibres : 3 g – Sel : 2,39 g – Pas de sucres ajoutés.

Un riz long de bonne qualité et une simple salade suffisent pour mettre en valeur cette recette raffinée.

Poulet en sauce, au citron et à l'estragon

Pour 4 personnes
Préparation et cuisson : 2h

- 1 oignon
- 1 bulbe de fenouil ou 2 branches de céleri
- 1 grosse carotte
- 30 cl de vin blanc
- 2 brins de thym, de romarin et d'estragon
- 2 feuilles de laurier
- 100 g de lard
- 2 cubes de bouillon de volaille
- 1/2 cuill. à café de poivre noir en grains
- 1 poulet de 2 kg dégraissé

POUR LA SAUCE

- 2 jaunes d'œufs
- 15 cl de crème fraîche épaisse
- 1 bouquet d'estragon frais
- 1 cuill. à café de fécule de maïs
- le jus de 1 citron

1 Émincez l'oignon et le fenouil. Coupez la carotte en bâtonnets. Placez le tout dans une cocotte avec le vin, les aromates, le lard, les cubes de bouillon émiettés et les grains de poivre. Portez à ébullition pendant 10 minutes. Ajoutez le poulet et recouvrez d'eau. Laissez pocher pendant 1 heure 15, jusqu'à ce que le poulet soit tendre. Réservez hors du feu pendant 15 minutes.

2 Retirez le poulet, passez le bouillon, versez-en 50 cl dans une autre casserole et faites réduire de moitié. Découpez le poulet en morceaux, enlevez la peau, et réservez au chaud dans un plat de service.

3 Préparez la sauce. Battez ensemble les jaunes d'œufs, la crème fraîche et l'estragon ciselé. Mélangez-y un quart du bouillon réduit, puis versez le tout dans la casserole de ce bouillon. Diluez la fécule dans un peu d'eau, mélangez-la au bouillon et laissez épaissir pendant 5 minutes à feu doux. Incorporez le jus de citron hors du feu, nappez le poulet de sauce et servez.

• Par portion : 689 Calories – Protéines : 62 g – Glucides : 3 g – Lipides : 42 g (dont 19 g de graisses saturées) – Pas de fibres – Sel : 1,35 g – Pas de sucres ajoutés.

La cuisson du poulet dans un mélange de vin et de bouillon rend la volaille très moelleuse. Servez-la avec des pommes de terre rôties au four avec de la moutarde à l'ancienne.

Fricassée de poulet au lard et aux olives

Pour 4 personnes
Préparation et cuisson : 50 min

- 4 blancs de poulet avec la peau
- 1 noix de beurre
- 85 g de lard
- 4 gousses d'ail
- le zeste de 1 citron non traité
- 30 cl de vin blanc sec
- 30 cl de bouillon de volaille
- 20 olives
- sel et poivre du moulin

POUR SERVIR
- quelques brins d'estragon frais

1 Poivrez généreusement le poulet et salez à votre convenance. Faites fondre le beurre dans une sauteuse à feu moyen et dorez-y les blancs de poulet. Retirez-les et remplacez-les par le lard émincé et l'ail haché puis laissez revenir le tout pendant 2 minutes. Augmentez le feu, ajoutez le zeste de citron et le vin puis laissez cuire quelques minutes à petite ébullition.

2 Baissez le feu, versez le bouillon chaud, et incorporez les olives avec la moitié de l'estragon ciselé. Remettez les blancs de poulet dans la cocotte et laissez frémir pendant 30 minutes. Servez chaud décoré du reste d'estragon ciselé.

• Par portion : 302 Calories – Protéines : 36 g – Glucides : 2 g – Lipides : 11 g (dont 4 g de graisses saturées) – Fibres : 1 g – Sel : 2,53 g – Pas de sucres ajoutés.

Les saveurs méditerranéennes de cette recette s'accorderont à la perfection avec du riz ou des tagliatelles simplement parsemées de persil.

Poulet à l'ail et au romarin

Pour 4 personnes
Préparation et cuisson : 1 h

- 8 hauts de cuisse
- 1 cuill. à soupe de farine
- 2 cuill. à soupe d'huile d'olive
- 1 tête d'ail
- 3 brins de romarin
- 30 cl de vin blanc sec
- sel et poivre du moulin

1 Essuyez les hauts de cuisse avec du papier absorbant, puis farinez-les entièrement.

2 Faites chauffer l'huile dans une grande sauteuse. Quand elle est bien chaude, incorporez les hauts de cuisse, côté peau vers le bas. Laissez-les revenir jusqu'à ce que leur peau soit grillée. Retournez-les pour les dorer sur toutes les faces (vous devrez peut-être procéder en plusieurs fois). Ajoutez les gousses d'ail pelées, le romarin et le vin. Salez et poivrez. Portez à ébullition, réduisez le feu et couvrez. Laissez cuire à petit bouillon de 40 à 45 minutes, jusqu'à ce que le poulet soit cuit à cœur et que la sauce ait épaissi.

• Par portion : 744 Calories – Protéines : 57 g – Glucides : 5 g – Lipides : 50 g (dont 15 g de graisses saturées) – Pas de fibres – Sel : 0,89 g – Pas de sucres ajoutés.

Quelques pommes de terre nouvelles, une salade de sucrine et de jeune roquette légèrement assaisonnée de jus de citron et d'huile d'olive accompagnent ce plat à merveille !

Poulet au thym et aux champignons

Pour 4 personnes
Préparation et cuisson : 30 min

- 4 blancs de poulet avec la peau
- 2 cuill. à soupe d'huile d'olive
- 10 brins de thym frais
- 1 cuill. à café de farine
- 2 gousses d'ail
- 400 g de champignons de Paris
- 15 cl de crème fraîche épaisse
- sel et poivre du moulin

1 Badigeonnez les blancs de poulet avec 1 cuillerée à soupe d'huile et assaisonnez-les généreusement. Détachez les sommités de six brins de thym, parsemez-en les blancs de poulet puis farinez-les légèrement.

2 Faites chauffer le reste d'huile dans une poêle et mettez le poulet à revenir pendant 5 minutes, côté peau vers le bas. Prolongez la cuisson de 10 à 15 minutes en les retournant régulièrement. Retirez le poulet et réservez-le au chaud sur une assiette.

3 Videz presque toute l'huile de cuisson de la poêle. Faites-y revenir l'ail pressé et les champignons à feu vif, jusqu'à ce qu'ils commencent à dorer. Ajoutez la crème fraîche, le reste de thym et assaisonnez. Laissez frémir quelques minutes jusqu'à ce que les champignons soient tendres, et servez avec le poulet.

• Par portion : 347 Calories – Protéines : 35 g – Glucides : 3 g – Lipides : 21 g (dont 12 g de graisses saturées) – Fibres : 2 g – Sel : 0,62 g – Pas de sucres ajoutés.

Préparez ces brochettes avec des mini-pommes de terre et accompagnez-les de tomates de qualité (rien ne vaut celles du jardin).

Brochettes de poulet aux herbes

Pour 8 personnes
Préparation et cuisson : 45 min

- 500 g de pommes de terre nouvelles
- 3 cuill. à soupe de persil
- 3 cuill. à soupe de menthe
- 3 cuill. à soupe de ciboulette
- 6 cuill. à soupe d'huile d'olive
- 2 cuill. à soupe de jus de citron frais
- 500 g de blancs de poulet sans la peau
- 1 oignon rouge
- 1 poivron rouge
- 1 citron non traité
- sel et poivre du moulin

POUR LA SALADE
- 8 tomates mûres
- 2 piments verts
- 2 gousses d'ail
- 4 cuill. à soupe d'huile d'olive
- 2 cuill. à soupe de vinaigre de vin blanc

1 Faites cuire les pommes de terre dans l'eau bouillante de 10 à 12 minutes, jusqu'à ce qu'elles soient à peine tendres. Égouttez-les et laissez-les refroidir. Mélangez les aromates ciselés, l'huile et le jus de citron dans un saladier puis assaisonnez à votre convenance. Incorporez le poulet détaillé en dés et les pommes de terre. Remuez pour enrober uniformément le tout. Coupez l'oignon en six quartiers, séparez-en les couches, mettez-les dans le saladier avec le poivron coupé en carrés et mélangez bien l'ensemble.

2 Préparez la salade. Détaillez en dés les tomates et les piments épépinés. Ajoutez l'ail haché, l'huile et le vinaigre, assaisonnez à votre convenance et mélangez.

3 Composez huit brochettes en alternant les dés de poulet, les pommes de terre, les carrés de poivron, les quartiers d'oignon et de citron. Faites griller ces brochettes au barbecue à feu moyen 5 ou 6 minutes sur chaque face, jusqu'à ce que le poulet soit cuit. Servez chaud avec la salade.

• Par portion : 230 Calories – Protéines : 18 g – Glucides : 16 g – Lipides : 9 g (dont 2 g de graisses saturées) – Fibres : 2 g – Sel : 0,13 g – Pas de sucres ajoutés.

Dans la vie, les choses simples sont souvent les meilleures. C'est exactement le cas pour ce plat, quintessence du poulet rôti.

Poulet rôti et pommes de terre aux herbes

Pour 4 personnes
Préparation et cuisson : 1 h 50

- 2 citrons
- 2 têtes d'ail entières
- 6 feuilles de laurier
- 1 petit bouquet de romarin
- 1 poulet d'environ 2 kg
- 1,5 kg de pommes de terre
- 2 cuill. à soupe d'huile de tournesol
- 50 g de beurre
- sel et poivre du moulin

POUR SERVIR
- légumes verts (facultatif)

1 Préchauffez le four à 200 °C (therm. 6-7). Coupez les citrons en deux et incisez une moitié de toutes parts avec un couteau. Coupez une autre moitié en quartiers. Coupez les têtes d'ail en deux transversalement. Insérez la moitié de citron, trois feuilles de laurier, quelques brins de romarin et une demi-tête d'ail dans le poulet.

2 Pelez les pommes de terre, coupez-les en quartiers et mélangez-les avec le reste d'ail dans un plat à rôtir. Arrosez le tout d'huile, salez et poivrez. Placez le poulet au milieu des pommes de terre puis badigeonnez-le de beurre. Enfournez et laissez cuire 1 h 20 en badigeonnant le poulet de beurre deux fois. Sortez le poulet du plat, couvrez, puis laissez reposer.

3 Augmentez la température du four à 220 °C (therm. 7-8). Mélangez les pommes de terre, le reste d'herbes et les quartiers de citron avec le jus du plat, puis laissez cuire de 15 à 20 minutes, en retournant une fois. Si vous le souhaitez, servez le poulet rôti avec des légumes verts.

• Par portion : 800 Calories – Protéines : 50 g – Glucides : 67 g – Lipides : 39 g (dont 13 g de graisses saturées) – Fibres : 5 g – Sel : 1,93 g – Sucres ajoutés : 4 g.

En faisant revenir les blancs de poulet farcis avant de les cuire au four au lieu de les frire, on réduit la quantité de calories.

Poulet à la Kiev

Pour 4 personnes
Préparation et cuisson : 50 min

- 4 blancs de poulet sans la peau
- 100 g de farine
- 3 œufs battus
- 200 g de chapelure
- huile de tournesol ou végétale

POUR LA FARCE

- 1 gousse d'ail
- 1 bouquet de persil
- 2 brins d'estragon frais
- 50 g de beurre ramolli
- jus de 1 citron

POUR SERVIR

- cresson
- quartiers de citron

1 Préparez la farce. Hachez l'ail, le persil et l'estragon. Malaxez-les avec le beurre et le jus de citron, puis séparez le beurre aromatisé en quatre disques. Enveloppez-les de film alimentaire et placez-les au réfrigérateur pour qu'ils durcissent.

2 Incisez les blancs de poulet dans la longueur, ouvrez-les en deux, recouvrez-les de film alimentaire et aplatissez-les à l'aide d'un rouleau à pâtisserie.

3 Déposez un disque de beurre aromatisé sur une longueur de poulet, refermez chaque blanc puis passez-les successivement dans la farine, l'œuf battu et la chapelure une première fois, puis dans l'œuf battu et la chapelure une seconde fois.

4 Préchauffez le four à 200 °C (therm. 6-7). Faites dorer les blancs panés dans une poêle à feu moyen pendant 2 ou 3 minutes de chaque côté avec un peu d'huile. Égouttez-les sur du papier absorbant, puis enfournez-les pour 20 minutes.

• Par portion : 696 Calories – Protéines : 40 g – Glucides : 59 g – Lipides : 35 g (dont 11 g de graisses saturées) – Fibres : 2 g – Sel : 1,47 g – Sucres ajoutés : 2 g.

Créez des variantes à cette traditionnelle salade américaine en la préparant avec des lardons grillés ou des lamelles d'avocat pour plus de moelleux.

Salade César au poulet

Pour 4 personnes
Préparation et cuisson : 25 min

- 1 pain *ciabatta*
- 3 cuill. à soupe d'huile d'olive
- 1 pincée de gros sel
- 2 blancs de poulet sans la peau
- 1 salade romaine
- sel et poivre du moulin

POUR LA SAUCE

- 1 morceau de parmesan
- 2 anchois en conserve
- 1 gousse d'ail
- 5 cuill. à soupe de mayonnaise
- 1 cuill. à soupe de vinaigre de vin blanc

1 Préchauffez le four à 200 °C (therm. 6-7). Découpez le pain en dés, placez-les sur une plaque de cuisson, arrosez-les de 2 cuillerées à soupe d'huile d'olive et d'un peu de gros sel. Faites-les griller de 8 à 10 minutes en les retournant régulièrement pour qu'ils soient bien dorés.

2 Badigeonnez les blancs de poulet avec le reste d'huile et assaisonnez-les. Faites cuire les blancs de poulet pendant 8 minutes sur un gril.

3 Préparez la sauce : râpez une partie du parmesan et mélangez-le avec les anchois écrasés, l'ail haché, la mayonnaise et le vinaigre. Assaisonnez à votre convenance et diluez, si nécessaire, avec quelques cuillerées d'eau.

4 Faites des copeaux de parmesan avec un Économe. Placez les feuilles de salade dans un grand saladier avec le poulet émincé et les croûtons. Arrosez de sauce, mélangez, puis parsemez de copeaux de parmesan.

• Par portion : 590 Calories – Protéines : 37,3 g – Glucides : 28,6 g – Lipides : 37,1 g (dont 10,7 g de graisses saturées) – Fibres : 2,4 g – Sel : 2,43 g – Sucres ajoutés : 3,9 g.

Un plat qui s'associe parfaitement aux épis de maïs grillés. Coupez ces derniers en tronçons, huilez-les et cuisez-les cinq ou six minutes en les tournant régulièrement.

Poulet cajun

Pour 4 personnes
Préparation et cuisson : 25 min

- 4 blancs de poulet sans la peau
- 1 cuill. à café d'oignons séchés
- 1 cuill. à soupe de paprika
- 1/4 cuill. à café de piment de Cayenne
- 2 cuill. à café de thym séché
- 1 cuill. à soupe d'huile de tournesol
- sel et poivre du moulin

POUR SERVIR
- 200 g de guacamole

1 Séchez le poulet avec du papier absorbant, puis pratiquez des entailles en biseau à la surface du côté lisse. Mélangez les oignons séchés, les épices et le thym, salez et poivrez, puis transférez sur une assiette.

2 Badigeonnez le poulet d'huile des deux côtés, puis retournez-le plusieurs fois dans le mélange d'épices de manière à bien l'enrober. Allumez un barbecue, faites chauffer un gril en fonte ou le gril du four à feu vif, puis faites cuire le poulet 5 ou 6 minutes de chaque côté, jusqu'à ce qu'il soit bien cuit. Servez avec une bonne cuillerée de guacamole.

• Par portion : 190 Calories – Protéines : 34 g – Glucides : 2 g – Lipides : 5 g (dont 1 g de graisses saturées) – Pas de fibres – Sel : 0,22 g – Pas de sucres ajoutés.

Voici une version simplifiée
de cette spécialité nationale emblématique !

Poulet façon coq au vin

Pour 4 personnes
Préparation et cuisson : 20 min

- 1 cuill. à soupe de farine
- 4 blancs de poulet sans la peau
- 15 cl de bouillon de volaille
- 1 cuill. à soupe d'huile végétale ou d'huile d'olive
- 250 g de champignons de Paris
- quelques brins de thym frais
- 15 cl de vin rouge

1 Farinez les blancs de poulet, puis tapotez-les pour faire tomber l'excès de farine. Diluez 1 cuillerée à café de cette farine dans un peu de bouillon et réservez. Faites chauffer l'huile dans une sauteuse. Ajoutez les blancs de poulet, les champignons coupés en deux et le thym. Laissez revenir le poulet pendant 5 minutes à feu moyen en le retournant une fois.

2 Retirez les blancs de poulet et réservez-les sur une assiette. Versez le vin et le reste de bouillon dans la sauteuse, mélangez bien et faites bouillir 5 minutes jusqu'à ce que le volume réduise de moitié. Ajoutez la farine diluée et laissez épaissir un peu en remuant.

3 Remettez le poulet dans la poêle avec le jus ayant coulé dans l'assiette. Portez à petite ébullition pendant 5 minutes.

• Par portion : 216 Calories – Protéines : 35 g – Glucides : 5 g – Lipides : 5 g (dont 1 g de graisses saturées) – Fibres : 1 g – Sel : 0,99 g – Sucres ajoutés : 2 g.

Ce plat de riz épicé est très populaire en Afrique de l'Ouest. S'il se fait aux légumes, à la volaille, au mouton ou au poisson, l'assaisonnement de base comprend toujours des tomates, du gingembre et du piment.

Riz jollof au poulet

Pour 4 personnes
Préparation et cuisson : 1 h 15

- 8 hauts de cuisse sans la peau et désossés
- 3 cuill. à soupe d'huile d'arachide
- 1 gros oignon
- 3 cuill. à soupe de concentré de tomates
- 60 cl de bouillon de volaille
- 400 g de riz basmati
- 1 poivron rouge
- 1 poivron jaune
- 100 g de gombos (dans les épiceries exotiques)
- 1 bouquet de coriandre fraîche
- sel et poivre du moulin

POUR LA SAUCE
- 1 morceau de gingembre de 4 cm
- 1 piment
- 2 gousses d'ail
- 800 g de tomates concassées en conserve

1 Préparez la sauce : dans un robot, mixez le gingembre pelé, le piment épépiné et émincé, l'ail haché et les tomates.

2 Détaillez le poulet en gros morceaux, assaisonnez-les et faites-les dorer pendant 5 minutes à feu vif dans une grande sauteuse avec 2 cuillerées à soupe d'huile. Retirez-le, ajoutez le reste d'huile et faites-y blondir l'oignon émincé.

3 Ajoutez le concentré de tomates, laissez cuire 2 minutes, puis incorporez la sauce épicée et le bouillon chaud. Remettez le poulet et laissez 15 minutes à petite ébullition. Incorporez le riz, couvrez et prolongez la cuisson de 20 minutes.

4 Nettoyez les poivrons et coupez-les en grosses lamelles, coupez les extrémités des gombos et coupez-les en deux. Répartissez le tout sur le riz. Couvrez et laissez cuire pendant 10 minutes. Mélangez le riz et les légumes, parsemez de coriandre hachée et servez.

• Par portion : 705 Calories – Protéines : 51 g – Glucides : 98 g – Lipides : 15 g (dont 3 g de graisses saturées) – Fibres : 5 g – Sel : 1,73 g – Sucres ajoutés : 15 g.

Préparer un bouillon aromatique est essentiel dans cette soupe chinoise allégée. Laissez-le bien bouillir avec ses assaisonnements pour que votre plat soit très parfumé.

Soupe chinoise au poulet

Pour 4 personnes
Préparation et cuisson : 20 min

- 1,5 l de bouillon de volaille
- 2 anis étoilés
- 1 morceau de gingembre de 3 cm
- 2 gousses d'ail
- 200 g de *bok choï* (choux chinois)
- 85 g de nouilles chinoises aux œufs
- 4 oignons nouveaux
- 100 g de poulet cuit
- sauce soja
- quelques feuilles de basilic frais
- 1 piment rouge

1 Laissez le bouillon frémir pendant 10 minutes sans bouillir avec l'anis, le gingembre émincé et l'ail pelé et écrasé.

2 Pendant ce temps, préparez les bok choï : séparez les feuilles puis roulez-les dans le sens de la longueur. Émincez-les en fines lamelles avec un couteau bien aiguisé puis ébouillantez-les pendant 2 minutes.

3 Retirez les épices et l'ail du bouillon avec une écumoire et jetez-les. Versez les nouilles dans le bouillon, remuez pour les démêler et laissez frémir pendant 4 minutes jusqu'à ce qu'elles soient tendres. Ajoutez les oignons nouveaux et le poulet émincés. Assaisonnez de soja à votre convenance puis répartissez le bouillon, le chou, le poulet, le basilic et le piment finement haché dans des bols.

• Par portion : 132 Calories – Protéines : 19 g – Glucides : 5 g – Lipides : 4 g (dont 1 g de graisses saturées) – Fibres : 1 g – Sel : 1,08 g – Sucres ajoutés : 3 g.

Émincer le poulet à la main lui permet de rester moelleux et lui donne une texture inégalable !

Poulet haché aux épices thaïes

Pour 4 personnes
Préparation et cuisson : 30 min

- 4 blancs de poulet sans la peau
- 2 tiges de citronnelle
- 4 feuilles de citron vert ou quelques lamelles de zeste de citron vert
- 2 piments
- 3 gousses d'ail
- 1 morceau de gingembre de 4 cm
- 1 cuill. à soupe d'huile végétale
- 1 cuill. à soupe d'huile de sésame
- 1 cuill. à café de piment en poudre
- 1 cuill. à soupe de sauce nuoc-mâm (à base de poisson)
- 1 oignon rouge
- 3 cuill. à soupe de jus de citron vert
- quelques feuilles de menthe, de basilic et de coriandre

POUR SERVIR

- 3 sucrines
- 1 concombre
- 200 g de germes de soja
- quartiers de citron vert

1 Hachez grossièrement le poulet, la citronnelle, les feuilles de citron vert, les piments, l'ail et le gingembre, puis mixez le tout avec un robot.

2 Faites chauffer un wok sur feu vif. Ajoutez l'huile végétale et l'huile de sésame, puis la pâte à base de citronnelle. Faites-la frire rapidement puis incorporez le poulet et le piment en poudre. Laissez chauffer pendant 4 minutes, puis arrosez de sauce nuoc-mâm. Baissez le feu, laissez bouillonner encore 4 minutes en remuant, ajoutez l'oignon émincé et prolongez la cuisson de 1 minute.

3 Retirez du feu, arrosez de jus de citron vert et incorporez les aromates ciselés. Servez accompagné de salade, de concombre, de germes de soja et de quartiers de citron vert.

• Par portion : 261 Calories – Protéines : 39 g – Glucides : 9 g – Lipides : 8 g (dont 1 g de graisses saturées) – Fibres : 2 g – Sel : 2,72 g – Sucres ajoutés : 5 g.

Faites mariner le poulet si vous en avez le temps.
La veille, plongez les ailes dans le mélange de soja, de vinaigre et de sucre, puis placez-les au réfrigérateur pour qu'elles s'imprègnent des parfums.

Ailes de poulet laquées

Pour 4 personnes
Préparation et cuisson : 50 min

- 12 cl de sauce soja légère
- 140 g de sucre roux en poudre
- 5 cuill. à soupe de vinaigre de vin blanc
- poivre noir concassé
- 16 ailes de poulet
- 1/2 concombre

POUR SERVIR
- riz blanc

1 Préchauffez le four à 220 °C (therm. 7-8). Dans un plat allant au four, mélangez la sauce soja, 125 g de sucre, 2 cuillerées à soupe de vinaigre et un peu de poivre concassé et badigeonnez-en les ailes de poulet. Enfournez-les pour 40 minutes, en les retournant de temps en temps, jusqu'à ce que leur surface soit laquée.

2 Pendant ce temps, détaillez le concombre en lamelles très fines et faites bouillir le reste de vinaigre avec le sucre pendant 1 minute. Quand ce dernier est dissous, laissez refroidir puis versez le mélange sur le concombre. Servez les ailes accompagnées du concombre et de riz.

• Par portion : 324 Calories – Protéines : 16 g – Glucides : 41 g – Lipides : 12 g (dont 3 g de graisses saturées) – Pas de fibres – Sel : 3,57 g – Sucres ajoutés : 40 g.

Au Japon on cuit traditionnellement ces brochettes sur des braises de charbon de bois en les arrosant souvent. Elles sont servies en entrée ou comme plat principal avec du riz.

Yakitori de poulet

Pour 4 personnes
Préparation et cuisson : 35 min

- 8 oignons nouveaux
- 3 blancs de poulet sans la peau

POUR LE GLAÇAGE
- 8 cl de sauce soja légère
- 5 cl de mirin
- 5 cl de saké

1 Préparez le glaçage : portez tous les ingrédients à ébullition dans une casserole et laissez bouillir 3 minutes, jusqu'à ce que le mélange devienne sirupeux. Pendant ce temps, faites tremper huit piques à brochettes dans de l'eau chaude.

2 Faites chauffer le gril du four à température maximale. Assemblez les brochettes en alternant tronçons d'oignons nouveaux et lamelles de poulet, disposez-les sur un plat et badigeonnez-les de glaçage. Enfournez pour 12 minutes, en retournant et en badigeonnant les brochettes régulièrement, jusqu'à ce que le poulet soit cuit. Présentez l'ensemble des brochettes dans un saladier et laissez chacun se servir.

• Par portion : 144 Calories – Protéines : 26 g – Glucides : 6 g – Lipides : 1 g (pas de graisses saturées) – Pas de fibres – Sel : 2,43 g – Sucres ajoutés : 2 g.

Les piments ancho utilisés dans la cuisine mexicaine sont peu piquants et légèrement sucrés ; ils peuvent être remplacés par un mélange de poivron rouge et de piment d'Espelette en poudre.

Tortillas pimentées au poulet

Pour 4 personnes
Préparation et cuisson : 1 h

- 4 blancs de poulet sans la peau
- 4 piments *ancho*
- 2 tomates olivettes
- 2 cuill. à soupe d'huile végétale
- 1 oignon
- 2 gousses d'ail
- 3 cuill. à soupe d'amandes émondées
- 2 cuill. à café de raisins secs
- 1 cuill. à café d'origan séché
- 1 cuill. à café de cumin moulu
- 1/2 cuill. à café de cannelle moulue
- 1 petit morceau de chocolat noir
- 375 g de tortillas nature

POUR SERVIR
- amandes émondées
- coriandre fraîche
- quartiers de citron vert

1 Pochez le poulet pendant 20 minutes dans 30 cl d'eau. Sortez-le, conservez l'eau et hachez-le.

2 Couvrez les piments d'eau bouillante et laissez-les ramollir 20 minutes. Égouttez-les, hachez-les, puis placez-les dans un mixeur avec 10 cl d'eau de trempage. Faites revenir les tomates coupées en deux à sec dans une poêle profonde jusqu'à ce que la peau se décolle de la chair. Transférez-les dans le mixeur. Dans la même poêle, faites revenir dans l'huile l'oignon émincé, l'ail pressé et les amandes pendant 5 minutes. Ajoutez les raisins, l'origan et les épices. Laissez cuire pendant 2 minutes, puis versez l'ensemble dans le bol du mixeur et réduisez en purée.

3 Transférez cette préparation dans la poêle, incorporez le chocolat, 35 cl de liquide de cuisson et laissez frémir 20 minutes. Réchauffez les tortillas, garnissez-les de poulet, recouvrez de sauce, roulez-les et servez avec des amandes, de la coriandre et des quartiers de citron vert.

• Par portion : 569 Calories – Protéines : 29 g – Glucides : 69 g – Lipides : 21 g (dont 6 g de graisses saturées) – Fibres : 4 g – Sel : 3,72 g – Sucres ajoutés : 4 g.

Le lait de coco dans ce curry sera sublimé par des légumes : haricots verts, pommes de terre coupées en tranches, aubergine cuite ou petits pois surgelés.

Curry de poulet thaï

Pour 4 personnes
Préparation et cuisson : 35 min

- 1 cuill. à soupe d'huile végétale
- 2 échalotes ou 1 petit oignon
- 3 cuill. à café de pâte de curry thaï rouge
- 4 blancs de poulet sans la peau
- 1 cuill. à soupe de sauce de poisson
- 1 cuill. à café de sucre brun
- 1 tige de citronnelle
- 4 feuilles de citron vert
- 40 cl de lait de coco
- 20 g de coriandre fraîche
- sel et poivre du moulin

POUR SERVIR
- riz thaï (parfumé)

1 Faites chauffer l'huile dans un wok et laissez-y blondir l'échalote émincée de 3 à 5 minutes. Incorporez la pâte de curry et laissez cuire pendant 1 minute en remuant constamment. Ajoutez les blancs de poulet détaillés en morceaux et mélangez pour bien les enrober. Incorporez la sauce de poisson, le sucre, la citronnelle ciselée, les feuilles de citron vert et le lait de coco. Portez à petite ébullition.

2 Réduisez le feu et laissez frémir sans couvrir pendant 15 minutes. Remuez le curry de temps en temps pour éviter qu'il n'attache et pour bien recouvrir la viande.

3 Goûtez et, si nécessaire, assaisonnez. Incorporez au curry la moitié de la coriandre ciselée, parsemez le reste dessus et servez accompagné de riz thaï parfumé.

• Par portion : 372 Calories – Protéines : 36,2 g – Glucides : 5,6 g – Lipides : 23 g (dont 15,1 g de graisses saturées) – Fibres : 0,1 g – Sel : 1,67 g – Sucres ajoutés : 4,5 g.

Ce classique de la cuisine jamaïquaine se sert généralement avec du riz cuit dans un mélange de lait de coco et d'eau, auquel on ajoute des haricots rouges, des oignons nouveaux, du piment en poudre et du thym.

Poulet épicé à la jamaïquaine

Pour 4 personnes
Préparation et cuisson : 45 min
Marinade : 30 min à 12 h

- 4 blancs de poulet sans la peau
- le jus de 1 citron vert
- sel

POUR LA MARINADE
- 2 piments rouges
- 4 oignons nouveaux
- 1 cuill. à soupe de quatre-épices (ou cannelle, poivre, muscade, clous de girofle à parts égales)
- 2 cuill. à café de cannelle en poudre
- 1/2 cuill. à café de thym séché
- 2 cuill. à café de sucre brun en poudre
- 1 cuill. à soupe d'huile de tournesol

POUR SERVIR
- quelques feuilles de coriandre fraîche
- quartiers de citron vert

1 Préparez la marinade : hachez les piments épépinés et les oignons avec les autres ingrédients dans un robot. Salez si vous le désirez.

2 Placez les blancs de poulet dans un plat peu profond. Recouvrez-les entièrement de marinade. Couvrez et mettez au réfrigérateur pour 30 minutes au minimum, et de préférence une nuit entière.

3 Faites chauffer un gril sur feu vif ou un barbecue, sortez le poulet du réfrigérateur et arrosez-le de jus de citron vert. Faites-le cuire à feu doux de 20 à 30 minutes en le retournant une fois. Servez chaud ou froid, parsemé de coriandre et de quartiers de citron vert.

• Par portion : 207 Calories – Protéines : 34 g – Glucides : 7 g – Lipides : 5 g (dont 1 g de graisses saturées) – Fibres : 0,1 g – Sel : 0,2 g – Sucres ajoutés : 2,5 g.

Cette revigorante soupe polonaise se fait traditionnellement pour le repas de Séder, qui a lieu le premier jour de la Pâque juive.

Soupe au poulet et boulettes de pain azyme

Pour 4 personnes
Préparation et cuisson : 2h30

- 4 hauts de cuisse de poulet
- 1 carotte
- 1 oignon
- sel et poivre du moulin

POUR LES BOULETTES

- 50 g de farine de pain azyme (ou farine de matza)
- 1/2 cuill. à café de sel
- 2 œufs battus
- 2 cuill. à soupe d'huile végétale
- 2 cuill. à soupe d'eau gazeuse

POUR SERVIR

- quelques brins d'aneth frais

1 Placez les hauts de cuisse de poulet, la carotte et l'oignon dans une casserole, couvrez avec 1,5 l d'eau et portez à ébullition. Laissez cuire pendant 40 minutes à petite ébullition en écumant régulièrement. Retirez le poulet, désossez-le puis émincez-le. Remettez les os dans la casserole et laissez frémir pendant 1 heure 30. Passez le liquide dans une passoire et assaisonnez.

2 Préparez les boulettes : mélangez la farine de pain azyme et le sel dans un saladier. Battez ensemble les œufs, l'huile et l'eau gazeuse et mélangez le tout avec la farine. Laissez reposer pendant 30 minutes.

3 Farinez-vous les mains, façonnez douze boulettes avec la pâte, plongez-les une par une dans une grande casserole d'eau bouillante salée, couvrez et laissez cuire pendant 30 minutes à petit bouillon. À l'aide d'une écumoire, transférez les boulettes dans le bouillon, ajoutez le poulet et réchauffez l'ensemble. Décorez d'aneth et servez.

• Par portion : 200 Calories – Protéines : 14 g – Glucides : 15 g – Lipides : 10 g (dont 2 g de graisses saturées) – Fibres : 1 g – Sel : 0,8 g – Pas de sucres ajoutés.

Cette recette est réussie uniquement lorsque le riz grille et attache au fond de la sauteuse... surprenant mais véridique !

Pulao au poulet à la mode persane

Pour 6 personnes
Préparation et cuisson : 1 h 10

- 400 g de riz basmati
- 85 g de beurre
- 2 oignons
- 3 cuill. à soupe d'huile végétale
- 1/2 cuill. à café de curcuma
- 200 g de lentilles jaunes
- 85 cl de bouillon de volaille
- 140 g de raisins secs
- 6 hauts de cuisse sans la peau et désossés

1 Couvrez le riz d'eau froide salée. Portez à ébullition et ajoutez la moitié du beurre. Laissez frémir pendant 5 minutes, puis égouttez et rincez.

2 Faites blondir les oignons dans 2 cuillerées à soupe d'huile dans une grande sauteuse. Ajoutez le curcuma et les lentilles, laissez revenir pendant 1 minute puis versez-y le bouillon. Couvrez et laissez frémir 20 minutes, jusqu'à ce que les lentilles aient ramolli. Incorporez les raisins et le poulet coupé en gros morceaux, couvrez et laissez cuire pendant 10 minutes.

3 Replacez la sauteuse ayant contenu le riz à feu moyen avec le reste de beurre et d'huile. Quand le mélange mousse, ajoutez la moitié du riz puis tassez légèrement. Recouvrez avec les lentilles et le poulet, puis avec le reste de riz. Versez le jus de cuisson du poulet dans la sauteuse, couvrez hermétiquement et laissez cuire à feu doux pendant 30 minutes, jusqu'à ce que le riz du fond soit roussi et croustillant. Mélangez puis servez.

• Par portion : 667 Calories – Protéines : 34 g – Glucides : 92 g – Lipides : 21 g (dont 9,1 g de graisses saturées) – Fibres : 4 g – Sel : 0,94 g – Pas de sucres ajoutés.

Dans cette authentique recette indienne,
le poulet est cuit sans la peau. Il est donc plus diététique.

Curry de poulet aux pommes de terre

Pour 4 personnes
Préparation et cuisson : 1 h

- 1 oignon
- 1 morceau de gingembre de 3 cm
- 2 gousses d'ail
- 1 cuill. à café de graines de cumin
- 2 cuill. à soupe d'huile végétale
- 1/2 cuill. à café de curcuma
- 1/2 cuill. à café de piment en poudre
- 250 g de tomates pelées en conserve
- 350 g de pommes de terre
- 500 g de blancs de poulet sans la peau
- 1/2 cuill. à café de *garam masala* (mélange d'épices indien)
- 2 cuill. à soupe de coriandre fraîche hachée
- sel

POUR SERVIR
- riz basmati
- 2 bâtons de cannelle

1 Dans un robot, réduisez en purée l'oignon, le gingembre et l'ail avec 1 cuillerée à soupe d'eau. Faites sauter les graines de cumin dans l'huile pendant quelques secondes. Incorporez la purée et faites-la revenir à feu moyen, en ajoutant un peu d'eau si elle commence à attacher.

2 Saupoudrez de curcuma et de piment, ajoutez les tomates et laissez revenir pendant 5 minutes. Ajoutez les pommes de terre épluchées et coupées en morceaux avec 25 cl d'eau et laissez cuire 10 minutes.

3 Incorporez le poulet émincé et le garam masala, puis laissez frémir de 15 à 20 minutes, jusqu'à ce que le poulet soit cuit. Salez à votre convenance. Transférez dans un plat de service, parsemez de coriandre et servez accompagné de riz cuit à l'eau avec deux bâtons de cannelle.

• Par portion : 283 Calories – Protéines : 34 g – Glucides : 21 g – Lipides : 8 g (dont 1 g de graisses saturées) – Fibres : 2 g – Sel : 0,35 g – Pas de sucres ajoutés.

Les cuisses de poulet sont ici assaisonnées à la chermoula, une sauce marocaine relevée. On la trouve dans les épiceries orientales.

Poulet aux épices marocaines et aux olives

Pour 2 personnes
Préparation et cuisson : 50 min

- 1 citron non traité
- 2 cuill. à soupe d'huile d'olive
- 1 gousse d'ail
- 1 morceau de gingembre de 3 cm
- 2 cuill. à café de *chermoula*
- 2 cuisses de poulet
- 1 oignon
- 30 cl de bouillon de volaille ou de légumes
- 1 cuill. à café de miel doux liquide
- 1 poignée d'olives vertes dénoyautées
- sel et poivre du moulin

POUR SERVIR

- semoule à couscous
- quelques feuilles de coriandre

1 Hachez un demi-citron avec la peau. À l'aide d'un robot, mixez-le avec 1 cuillerée à soupe d'huile, l'ail, le gingembre et la chermoula.

2 Faites chauffer le reste d'huile dans une grande poêle à feu moyen. Assaisonnez les cuisses de poulet et faites-les dorer côté peau vers le bas pendant 5 minutes. Retournez-les, ajoutez l'oignon émincé et laissez revenir 5 minutes, jusqu'à ce qu'il soit tendre.

3 Ajoutez la pâte de citron épicée et laissez-la exhaler ses parfums pendant 1 minute. Arrosez de bouillon et de miel puis portez à ébullition. Baissez le feu, couvrez et laissez cuire de 20 à 30 minutes, jusqu'à ce que le poulet soit tendre et la sauce épaisse et brillante (découvrez les 5 dernières minutes de cuisson). Ajoutez les olives et le jus du demi-citron restant. Servez très chaud avec de la semoule et parsemé de coriandre ciselée.

• Par portion : 476 Calories – Protéines : 31 g – Glucides : 11 g – Lipides : 35 g (dont 8 g de graisses saturées) – Fibres : 2 g – Sel : 1,74 g – Sucres ajoutés : 78 g.

Ces quesadillas constituent un en-cas substantiel ou un repas décontracté, voire un délicieux dîner pour toute la famille une fois accompagnées d'une salade de haricots épicés.

Quesadillas au poulet

Pour 6 personnes
Préparation et cuisson : 25 min

- 1 cuill. à café d'huile d'olive
- 100 g de chorizo
- 1 échalote
- 2 blancs de poulet cuits sans la peau
- 2 tomates olivettes
- 350 g de tortillas
- 200 g de cheddar ou de gruyère râpé
- quelques feuilles de coriandre fraîche

1 Préchauffez le four à 180 °C (therm. 6). Faites chauffer l'huile dans une poêle. Découpez le chorizo en rondelles, émincez l'échalote et faites revenir le tout dans la poêle pendant quelques minutes. Incorporez le poulet finement haché et les tomates coupées en dés. Retirez du feu.

2 Étalez la moitié des tortillas sur des plaques de cuisson. Répartissez la préparation sur chacune d'elles avec du cheddar râpé et de la coriandre, puis recouvrez avec les tortillas restantes.

3 Enfournez les tortillas pour 3 minutes, puis retournez-les une par une à l'aide d'une pelle à poisson. Laissez-les encore 3 minutes, jusqu'à ce que chaque face soit dorée. Servez-les bien chaudes découpées en triangles.

• Par portion : 424 Calories – Protéines : 29 g – Glucides : 30 g – Lipides : 22 g (dont 10 g de graisses saturées) – Fibres : 2 g – Sel : 2,42 g – Sucres ajoutés : 1 g.

Index

Crédits photographiques

L'éditeur remercie les personnes suivantes pour l'avoir autorisé à reproduire leurs photographies. En dépit de tous ses efforts pour lister les copyrights, l'éditeur présente par avance ses excuses pour d'éventuels oublis ou erreurs, et s'engage à en faire la correction dès la première réimpression du présent ouvrage.

Steve Baxter p. 121, p. 139, p. 199 ; Simon Brown p. 197 ; Peter Cassidy p. 45, p. 67, p. 95, p. 153, p. 155, p. 159 ; Jean Cazals p. 191, p. 193, p. 209 ; Tim Evans p. 203 ; Ken Field p. 173 ; Will Heap p. 11, p. 25, p. 31, p. 33, p. 75, p. 93, p. 101, p. 129, p. 175 ; William Lingwood p. 137 ; Jason Lowe p. 163 ; Gareth Morgans p. 23, p. 27, p. 39, p. 43, p. 47, p. 51, p. 55, p. 57, p. 61, p. 79, p. 83, p. 85, p. 91, p. 97, p. 107, p. 109, p. 117, p. 147, p. 149, p. 169, p. 171, p. 187 ; David Munns p. 71, p. 99, p. 125, p. 127, p. 211 ; Myles New p. 77, p. 177, p. 183, p. 185, p. 195 ; Lis Parsons p. 105, p. 123, p. 141, p. 151 ; Craig Robertson p. 53, p. 63, p. 119, p. 145, p. 157, p. 165 ; Howard Shooter p. 59 ; Maja Smend p. 69 ; Roger Stowell p. 35, p. 37, p. 49, p. 131, p. 167 ; Martin Thompson p. 41 ; Simon Walton p. 87 ; Cameron Watt p. 201 ; Philip Webb p. 29, p. 81, p. 89, p. 103, p. 111, p. 113, p. 115, p. 143, p. 161, p. 179, p. 181, p. 189 ; Simon Wheeler p. 73, p. 205, p. 207 ; Rob White p. 65 ; Tim Young p. 135 ; Elizabeth Zeschin p. 133.

Toutes les recettes de ce livre ont été créées par l'équipe de BBC Good Food Magazine.

Imprimé en Espagne par Graficas Estella, Estella
Dépôt légal : avril 2010 – 304072/01 – 11010177 février 2010